HUMAN
にほんご90日
90 Days of Japanese Language

漢字ノート
Kanji notes

星野恵子＋辻 和子＋村澤慶昭
イラスト：沢田明美

UNICOM

目次 Contents

この本を使うみなさんへ／本書の構成と使い方 4
To the users of this book
The structure of this book and how to use it

漢字はおもしろい！ 6
Kanji is interesting!

ひらがな・カタカナ 12
Basic Sounds

Chapter 0 16

Chapter 1 - 30 21

    練習〈漢字練習シート〉
    Kanji practice sheet
    問題〈読む・書く練習問題〉
    Exercises
    読む漢字
    Reading Kanji

音訓索引 261
Index

この本を使うみなさんへ

　本書「にほんご90日　漢字ノート」は、『にほんご90日』のテキストを使って日本語を学ぶ学習者の漢字の勉強のために作られています。したがって、漢字の取り上げ方、提出順などは、だいたいテキストに準拠していますが、テキストの各課と厳密に対応しているわけではありません。テキストの内容、漢字の提出順などを考慮してはいますが、必ずしもそれにとらわれず、やさしい漢字、よく使われる漢字から難しい漢字へという原則にそって漢字が提出されています。ですから、テキストを使わずにこの本を使いたいという場合も、さしつかえはありません。イラストや英語の訳もついていますので、楽しく独習することもできます。漢字がなかなか覚えられないという学習者も、漢字をもっとたくさん覚えたいという学習者も、この本で毎日勉強すれば、きっと漢字に強くなり、漢字が大好きになるでしょう。

本書の構成と使い方

　この「漢字ノート」では、日本語の初級の漢字に中級のやさしい漢字を加えて、全部で450字の漢字を30のチャプターに分けて勉強します。
　各チャプターは次のような部分から成っています。
　（1）漢字練習シート（5ページ）– 15字の漢字を練習するシートです。一つの漢字について、書き順、読み方*1-4、語例、そして練習用のわくがあります。わくには薄い色で漢字が書いてありますから、まずはじめは、上にある書き順をよく見ながら、薄い字をなぞって書いてみてください。それから自分で何回も練習しましょう。
　（2）問題（2ページ）– 漢字を読む練習問題と書く練習問題があります。別冊の解答で自分の答えをチェックして、まちがえた漢字はもう一度読み方、書き方を確かめてください。
　（3）読む漢字（1ページ）– 日本の生活の中でよく目にする漢字、日常生活に必要な漢字のことばをテーマや場面ごとにまとめてあります。書けなくてもいいのですが、読めたほうがいいことばです。イラストと英訳がついているので、わかりやすいでしょう。このページのことばを全部覚えるのはたいへんですが、少なくとも自分に必要だと思われることばの漢字の読み方を覚えるように努力してください。

（*1）読み方は、はじめに「訓読み」をひらがなで、次に「音読み」をカタカナで示しました。
（*2）その漢字の読み方がぜんぶ出ているわけではありません。初級レベルに難しすぎる読み方は、省いてあります。
（*3）送りがなは（　）で示しました。また、異なった読み方に変化する場合は、〈　〉で示しました。
（*4）動詞は、チャプター10までは「ます形」で、チャプター11からは「辞書形」で示しました。

● *Explanatory Notes*

Kanji	014 — Kanji Readings Japanese Reading : hiragana Chinese Reading : katakana					
日	ひ〈び〉 か ニチ 〈ニ・ニッ〉 ジツ	1 　 2 　 3 　 4 ｜　 冂　 日　 日	Stroke Order			
ひ 日　　　　day にちようび 日曜日　　Sunday にほん〈にっぽん〉 日本　　　Japan きのう *昨日　　　yesterday		日				

Examples　English Translation
*Words with readings not included above

To the users of this book

　This book "90 Days of Japanese - Kanji Notes" was made to assist students learning Japanese using the text "90 Days of Japanese" with their study of kanji. As such, the introduction of kanji and the order in which they are presented generally follow that of the textbook. This does not mean, however, that every chapter in this book strictly corresponds to each unit of the text. While taking into consideration the contents of the textbook and the order in which the kanji is introduced, the kanji in this book are generally presented in the order of easy kanji and kanji that are used often to more difficult kanji. Therefore it is possible to use this book without using the textbook, and with fun illustrations and English translations it can also be very useful for self-study. For those students who just can't seem to remember kanji, or for students who want learn a lot more kanji, studying with this book everyday will definitely improve your kanji skills as well as increase your interest in kanji.

The structure of this book and how to use it

　In "Kanji Notes", a total of 450 beginner and easy intermediate level kanji are presented over 30 chapters.
　Each chapter contains the following parts :
 (1) Kanji Practice Sheet (5 pages) - a sheet to practice 15 kanji. For each kanji there is the stroke order, the readings*1-4, examples and boxes for practicing writing the kanji. In the first box the kanji is faintly written in a light color. At first, while carefully referring to the stroke order written above, trace the kanji. After that try writing it yourself.
 (2) Exercises (2 pages) - These pages contain questions testing how to read and write kanji. Check your answers in the answer booklet, and then go over the reading and/or writing of the kanji you got wrong again.
 (3) Reading Kanji (1 page) - On these pages you will find kanji that you often see and that are necessary in everyday life in Japan arranged into various themes and situations. You don't have to be able to write them, but you should learn how to read them. With illustrations and English translations they shouldn't be too difficult to understand. It would be a hard task to remember all of the kanji on these pages, but at least try to remember the ones that seem necessary for you.

(*1) As for the kanji readings, first the 'Japanese readings' are written in hiragana, and then the 'Chinese readings' are shown in katakana.
(*2) Not all the readings for every kanji are shown. The readings that are too difficult for a beginner's level have been omitted.
(*3) Kana endings are shown in brackets. When the endings change with different readings the kana endings are shown in angle brackets 〈　〉.
(*4) In chapter 1-10 verbs are shown in masu-form, from chapter 11 verbs are shown in dictionary form.

Kanji is interesting!

＜漢字はおもしろい！＞

I Kanji and their meaning

Each kanji has a meaning.

① Kanji are pictures

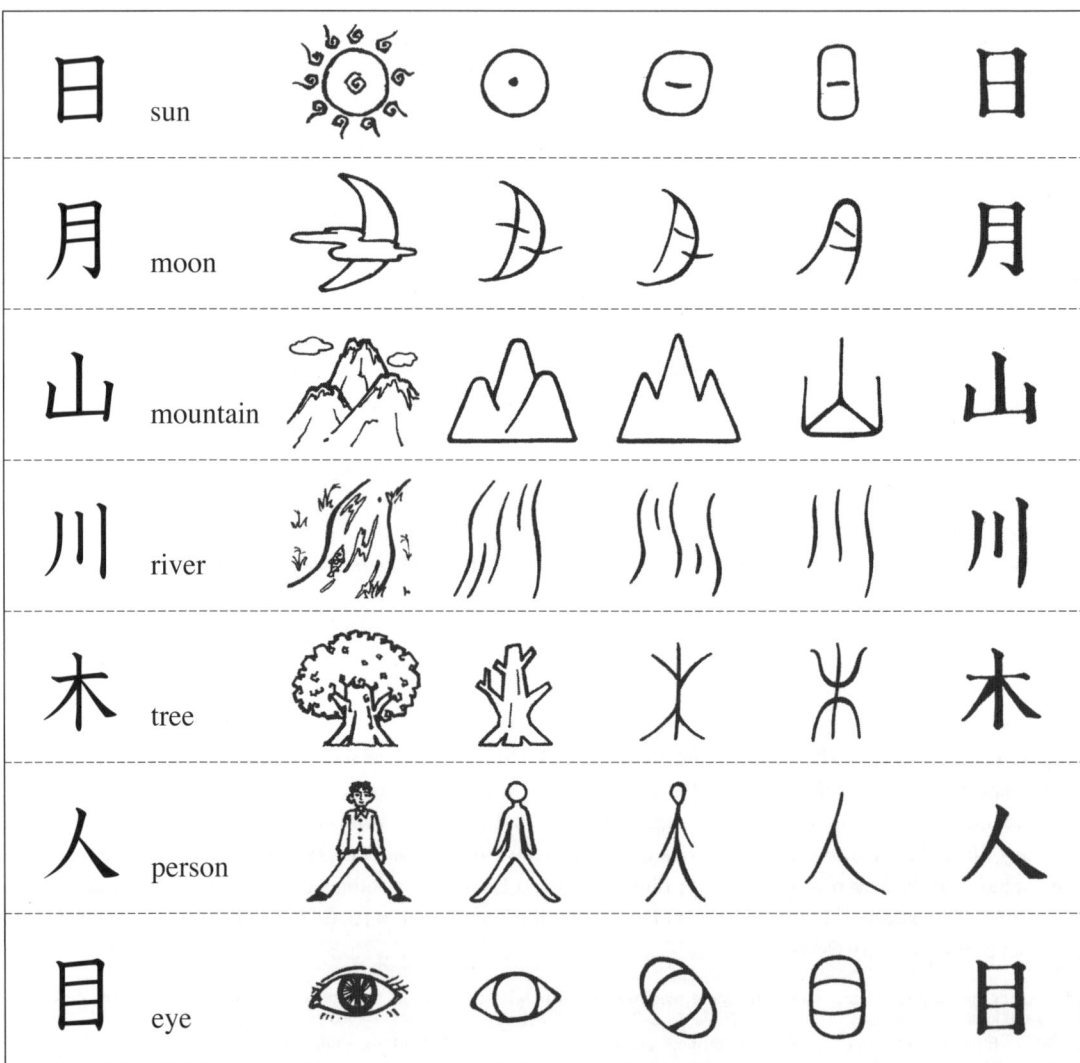

② **Kanji are symbols**

上 up		二	上	上
下 down		二	下	下
一 one			—	—
二 two			二	二
三 three			三	三
五 five			区	五
八 eight			八	八

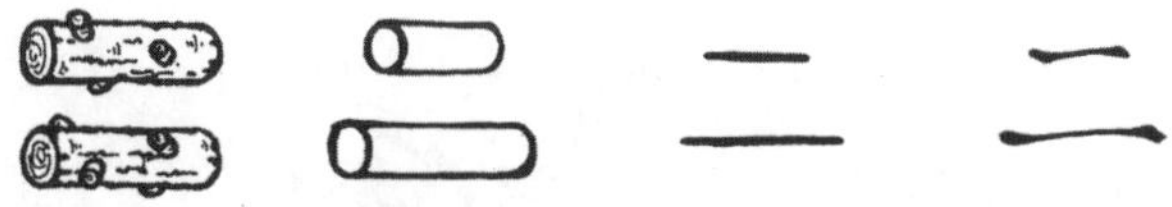

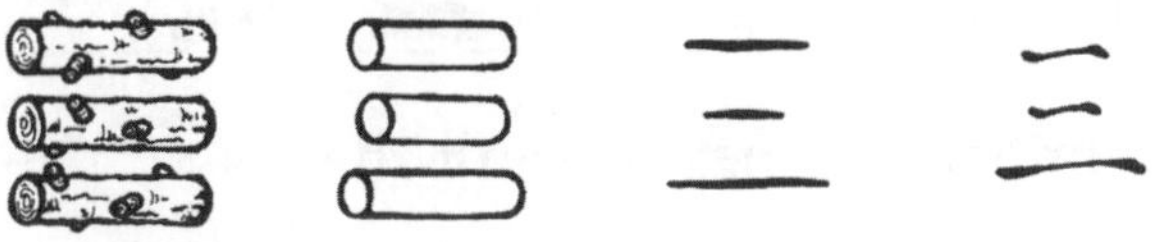

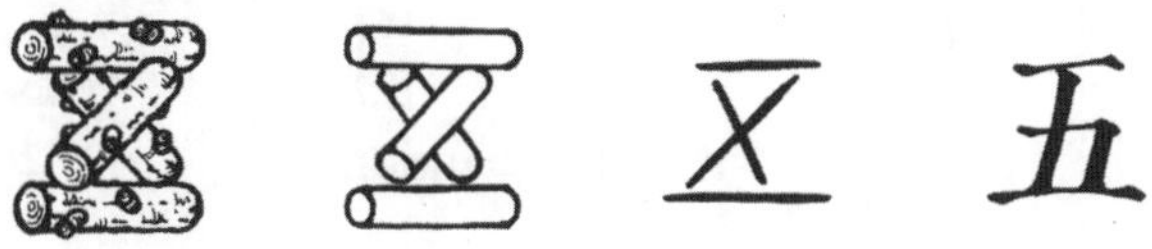

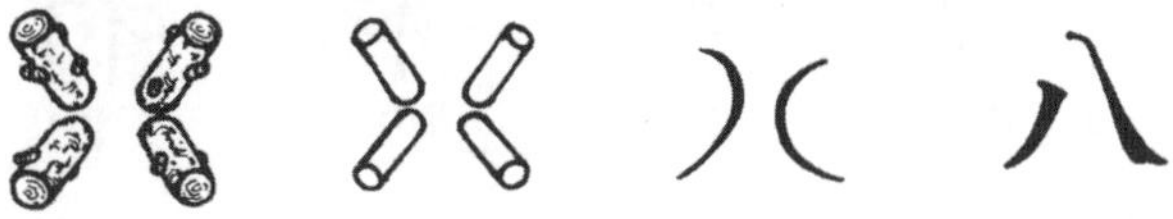

③ **Kanji are "kanji + kanji"**

■ We often add 2 or 3 kanji together to show various meanings.

日 + 月 ⇒ 明
sun + moon = bright

人 + 木 ⇒ 休
person + tree = holiday, rest

田 + 力 ⇒ 男
rice field + strength = man

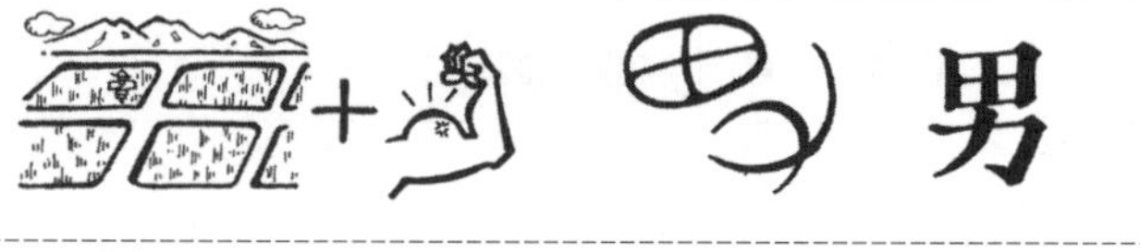

木 + 木 ⇒ 林
tree + tree = woods

木 + 木 + 木 ⇒ 森
tree + tree + tree = forest

日 + 木 ⇒ 東
sun + tree = east

羊 + 大 ⇒ 美
sheep + big = beautiful

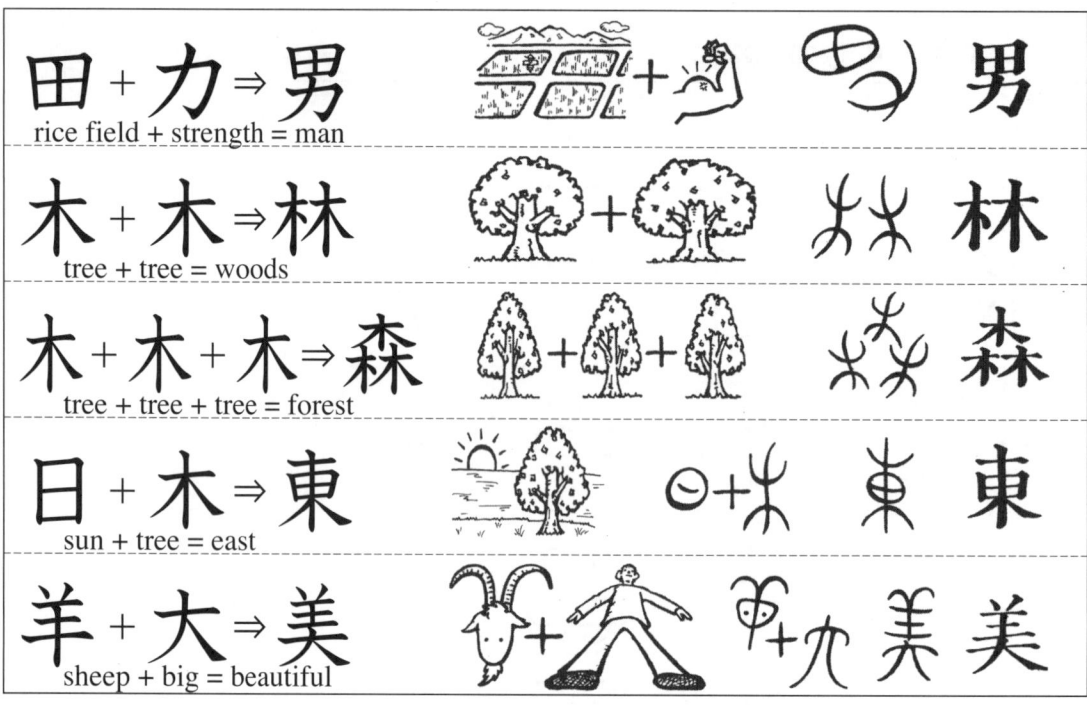

■There are a number of types of kanji shapes.

1  人、口、山、心、上、大
person, mouth, mountain, heart, up, big

2  体、明、林、行、町
body, bright, woods, go, town

3  男、岩、空、安、多
man, rock, sky, safe, many

4  店、石、病
store, stone, illness

5 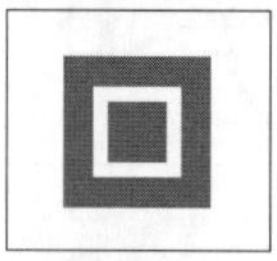 門、国、園
gate, country, park

6  道、週、起
road, week, wake

II How to write kanji

① There are different sorts of rules and ways that kanji is written.

< Basic stroke order >

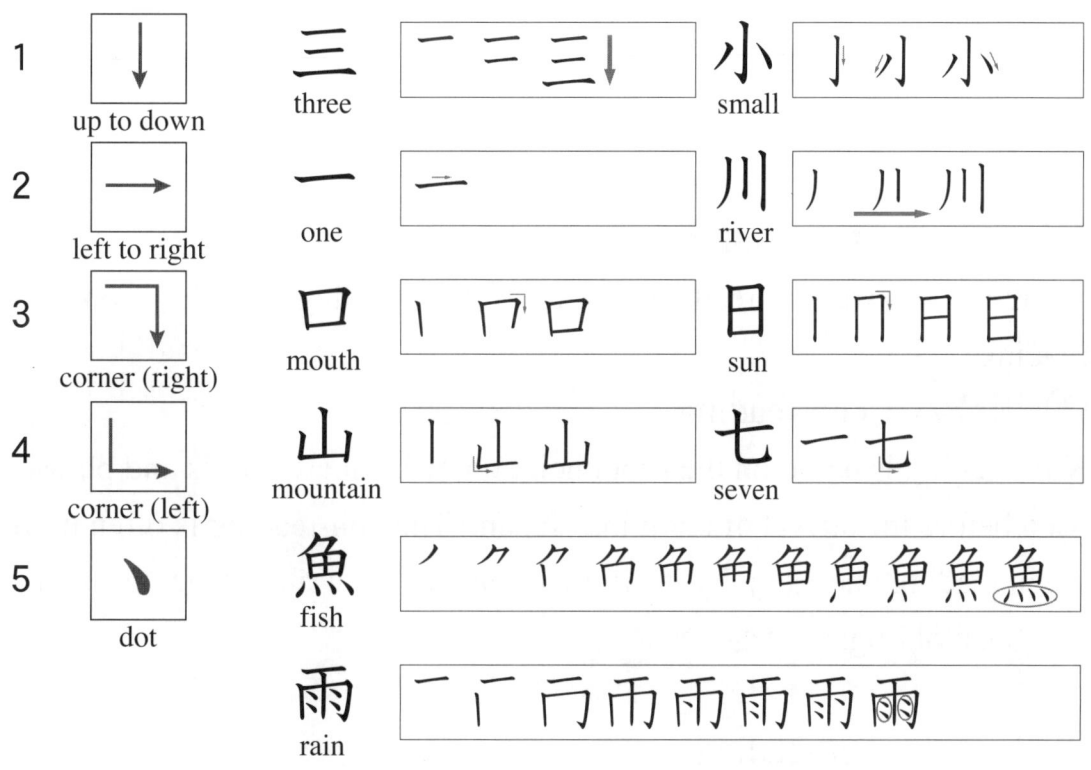

< the End of a stroke >

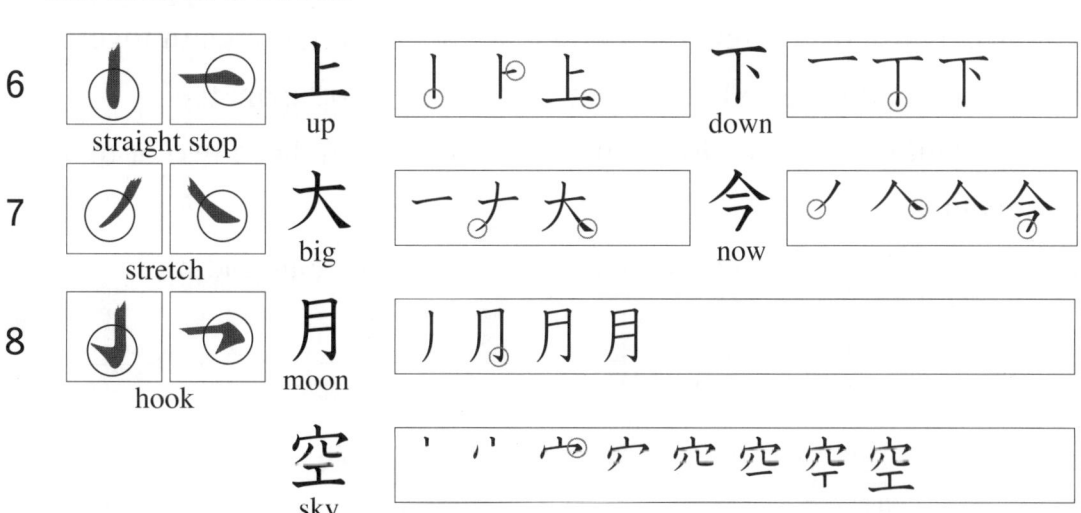

② Every kanji has a set number of strokes.

The order for writing each part of the kanji is counted in strokes.

ex;　一　人　山　日　本　語

　　1画　2画　3画　4画　5画　14画
　　　(かく)
　1 stroke　2 strokes　3 strokes　4 strokes　5 strokes　14 strokes

III　How to read kanji

There are two ways to read a kanji; the "kun-reading" or the "on-reading".

① 訓読み　kun-reading
　(くん よ)

Kun-reading is based on the pronunciation of Japanese words and phrases used before the arrival of kanji into Japan. The kun-reading is often used when reading one kanji by itself, or when kanji is written together with hiragana; okurigana（送りがな）.
　　　　　　　　　　　　　　　　　　　　(おく)

② 音読み　on-reading
　(おん よ)

On-reading is based on the original Chinese pronunciation of the kanji. We usually use the on-reading when reading two or more kanji together. Depending on the period when that word came into Japan, the pronunciation is slightly different, and so some kanji have two or more on-readings.

ex;　　　［訓読み］kun-reading　　　　［音読み］on-reading

　　　　　　人がいます　　　　　　　　　3人
　　　　　（ひと）　　　　　　　　　　　　（ニン）
　　　　There is a person.　　　　　　three people

　　　　　あの人　　　　　　　　　　　日本人
　　　　　　（ひと）　　　　　　　　　　（ニホンジン）
　　　　that person　　　　　　　　　Japanese

やま
山があります
There is a mountain.

フジサン
富士山
Mt. Fuji

たか やま
高い山
high mountain

コウザン
高山
high mountain

やま のぼ
山に登ります
climb the mountain

トザン
登山
mountain climbing

IV Kanji is useful

Kanji is convenient.

① You can distinguish different words with the same pronunciation. There are words in Japanese with the same pronunciation, but we can tell them apart by the kanji.

ex; 「はな」 "hana"　　　「はし」 "hashi"

鼻
nose

橋
bridge

花
flower

箸
chopsticks

端
edge

② You can express the meaning through the kanji, and use hiragana to deal with the grammar.

ex;　　「行きます」「行きました」「行く」「行った」
　　　　　"go",　　　"went",　　　"go", "went"

ひらがな　Basic Sounds

あ a	い i	う u	え e	お o
か ka	き ki	く ku	け ke	こ ko
さ sa	し shi	す su	せ se	そ so
た ta	ち chi	つ tsu	て te	と to
な na	に ni	ぬ nu	ね ne	の no
は ha	ひ hi	ふ fu	へ he	ほ ho
ま ma	み mi	む mu	め me	も mo
や ya		ゆ yu		よ yo
ら ra	り ri	る ru	れ re	ろ ro
わ wa				を o
ん n				

カタカナ　Basic Sounds

ア	イ	ウ	エ	オ
カ	キ	ク	ケ	コ
サ	シ	ス	セ	ソ
タ	チ	ツ	テ	ト
ナ	ニ	ヌ	ネ	ノ
ハ	ヒ	フ	ヘ	ホ
マ	ミ	ム	メ	モ
ヤ		ユ		ヨ
ラ	リ	ル	レ	ロ
ワ				ヲ
ン				

濁音　Voiced Sounds

が ga	ぎ gi	ぐ gu	げ ge	ご go
ざ za	じ ji	ず zu	ぜ ze	ぞ zo
だ da	ぢ ji	づ zu	で de	ど do
ば ba	び bi	ぶ bu	べ be	ぼ bo
ぱ pa	ぴ pi	ぷ pu	ぺ pe	ぽ po

ガ	ギ	グ	ゲ	ゴ
ザ	ジ	ズ	ゼ	ゾ
ダ	ヂ	ヅ	デ	ド
バ	ビ	ブ	ベ	ボ
パ	ピ	プ	ペ	ポ

拗音 Palatalized Sounds
ようおん

きゃ kya	きゅ kyu	きょ kyo	キャ	キュ	キョ
ぎゃ gya	ぎゅ gyu	ぎょ gyo	ギャ	ギュ	ギョ
しゃ sya	しゅ syu	しょ syo	シャ	シュ	ショ
じゃ ja	じゅ ju	じょ jo	ジャ	ジュ	ジョ
ちゃ cha	ちゅ chu	ちょ cho	チャ	チュ	チョ
ぢゃ ja	ぢゅ ju	ぢょ jo	ヂャ	ヂュ	ヂョ
にゃ nya	にゅ nyu	にょ nyo	ニャ	ニュ	ニョ
ひゃ hya	ひゅ hyu	ひょ hyo	ヒャ	ヒュ	ヒョ
びゃ bya	びゅ byu	びょ byo	ビャ	ビュ	ビョ
ぴゃ pya	ぴゅ pyu	ぴょ pyo	ピャ	ピュ	ピョ
みゃ mya	みゅ myu	みょ myo	ミャ	ミュ	ミョ
りゃ rya	りゅ ryu	りょ ryo	リャ	リュ	リョ

Chapter 0

§0−1 練習

001 一
ひと
イチ〈イッ〉

一つ (ひと) one
一人 (ひとり) one person
一日 (いちにち) one day
一本 (いっぽん) one 〜

002 二
ふた
ニ

二つ (ふた) two
二人 (ふたり) two people
二日 (ふつか) two days
二本 (にほん) two 〜

003 三
み〈みっ〉
サン

三つ (みっ) three
三日 (みっか) three days
三人 (さんにん) three people
三本 (さんぼん) three 〜

§0-2

004 四 よ〈よっ〉/ よん / シ

Stroke order: 1 丨 2 冂 3 冖 4 四 5 四

四時 (よじ)	4 o'clock
四つ (よっ)	four
四人 (よにん)	four people
四本 (よんほん)	four ~

005 五 いつ / ゴ

Stroke order: 1 一 2 丁 3 五 4 五

五つ (いつ)	five
五日 (いつか)	five days
五人 (ごにん)	five people
五本 (ごほん)	five ~

006 六 むっ / むい / ロク〈ロッ〉

Stroke order: 1 丶 2 亠 3 六 4 六

六つ (むっ)	six
六日 (むいか)	six days
六人 (ろくにん)	six people
六本 (ろっぽん)	six ~

§0−3

007 七

- なな
- なнの
- シチ

Stroke order: 一 七

七つ	seven
七人	seven people
七日	seven days
七本	seven ~

(なな / ななにん, しちにん / なのか / ななほん)

008 八

- や〈やっ〉
- よう
- ハチ〈ハッ〉

Stroke order: ノ 八

八つ	eight
八日	eight days
八人	eight people
八本	eight ~

(やっ / ようか / はちにん / はっぽん)

009 九

- ここの
- ク
- キュウ

Stroke order: ノ 九

九つ	nine
九日	nine days
九人	nine people
九本	nine ~

(ここの / ここのか / きゅうにん, くにん / きゅうほん)

§0−4

010 十
とお / ジュウ / ジュッ / 〈ジッ〉

一 十

- とお 十 — ten
- とおか 十日 — ten days
- じゅうにん 十人 — ten people
- じゅっぽん 十本 — ten ~

011 百
ヒャク / 〈ヒャッ〉

一 ア 丆 百 百 百

- ひゃく 百 — hundred
- ひゃくにん 百人 — one hundred people
- ひゃっぽん 百本 — one hundred ~
- ひゃくえん 百円 — one hundred yen

012 千
セン

ノ 二 千

- せん 千 — thousand
- せんにん 千人 — one thousand people
- せんぼん 千本 — one thousand ~
- せんえん 千円 — one thousand yen

§０−５

万 013	マン / バン	一 丁 万

一万　　ten thousand
一万円　ten thousand yen
万国　　international

Chapter 1

§1−1 練習

014 日

- ひ〈び〉
- か
- ニチ〈ニ・ニッ〉
- ジツ

Stroke order: 1 丨　2 冂　3 日　4 日

日	day, sun
日曜日 (にちようび)	Sunday
日本 (にほん, にっぽん)	Japan
二日 (ふつか)	two days / the second day

015 本

- もと
- ホン〈ポン・ボン〉

Stroke order: 1 一　2 十　3 オ　4 木　5 本

本 (ほん)	book
日本 (にほん, にっぽん)	Japan
一本 (いっぽん)	one
三本 (さんぼん)	three

016 人

- ひと
- ニン
- ジン

Stroke order: 1 ノ　2 人

人 (ひと)	person
五人 (ごにん)	five people
日本人 (にほんじん)	Japanese

§1-2

017 男

おとこ / ダン

Stroke order (1-7): 丨 冂 冂 甲 田 男 男

おとこ	男	male, man
おとこ ひと	男の人	man
だんせい	男性	male, man
だんじょ	男女	man and woman

018 女

おんな / ジョ

Stroke order (1-3): 〈 女 女

おんな	女	female, woman
おんな ひと	女の人	woman
じょせい	女性	female, woman
だんじょ	男女	man and woman

019 学

ガク 〈ガッ〉

Stroke order (1-8): 丶 丷 丷 ⺌ 学 学 学 学

がくせい	学生	student
だいがく	大学	university
がっこう	学校	school

§1-3

020 生 う(まれます) / セイ

Strokes: ノ ト 牛 牛 生

- 生まれます — to be born
- 学生(がくせい) — student
- 先生(せんせい) — teacher

021 先 さき / セン

Strokes: ノ ト 牛 生 䇳 先

- 先に(さきに) — earlier
- 先生(せんせい) — teacher
- 先月(せんげつ) — last month

022 校 コウ

Strokes: 一 十 才 木 朮 杧 栌 柠 栌 校

- 学校(がっこう) — school

§1-4

023 月

つき / ゲツ / ガツ

Stroke order: ノ 刀 月 月

Reading	Meaning
つき 月	month, moon
ひとつき 一月	one month
げつようび 月曜日	Monday
いちがつ 一月	January

024 火

ひ〈び〉/ カ

Stroke order: 丶 丶 ツ 火

Reading	Meaning
ひ 火	fire
かようび 火曜日	Tuesday
かじ 火事	fire

025 水

みず / スイ

Stroke order: 亅 刀 オ 水

Reading	Meaning
みず 水	water
すいようび 水曜日	Wednesday

§1-5

026 木 き / モク

Stroke order: 一 十 才 木

- 木 (き) wood
- 木曜日 (もくようび) Thursday

027 金 かね / キン

Stroke order: ノ 人 亼 合 仐 佘 侴 金

- (お)金 (かね) money
- 金曜日 (きんようび) Friday
- 金 (きん) gold

028 土 つち / ド

Stroke order: 一 十 土

- 土 (つち) soil
- 土曜日 (どようび) Saturday

§1 問題

問題I ひらがなで 書(か)きなさい。

① 男 ② 女 ③ 日本 ④ 日本人
( ) ( ) ( ) ( )

⑤ 学生 ⑥ 先生 ⑦ 学校 ⑧ 月曜(よう)日
( ) ( ) ( ) ( )

⑨ 火曜日 ⑩ 水曜日 ⑪ 木曜日 ⑫ 金曜日
( ) ( ) ( ) ( )

⑬ 土曜日 ⑭ 日曜日 ⑮ 月 ⑯ 火
( ) ( ) ( ) ( )

⑰ 水 ⑱ 木 ⑲ 金 ⑳ 土
( ) ( ) ( ) ( )

問題II ひらがなで 書(か)きなさい。

①わたしは日本人ではありません。
　　　　（　　　　　）

②きょうは木曜日です。
　　　　（　　　　　）

③リンさんは学生です。リンさんの先生は、男の先生です。
　　　　（　　　）　　　　（　　　）（　　　）

④土曜日と　日曜日は、　学校がやすみです。
（　　　）（　　　）（　　　）

⑤ブラウンさんは先月、　日本へきました。ブラウンさんはアメリカ人です。
　　　　　（　　　）（　　　）　　　　　　　　（　　　　　）

⑥きょうは　五月十二日　金曜日です。
　　　　（　　　　　　）（　　　　　）

§1

問題III □に 漢字を 書きなさい。

例：

人
ひと

| f □ つき | g □ ひ |
| h □ き | i □ つち |

a □の人　b □の人
　おとこ　　　おんな

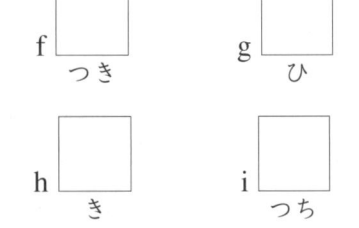

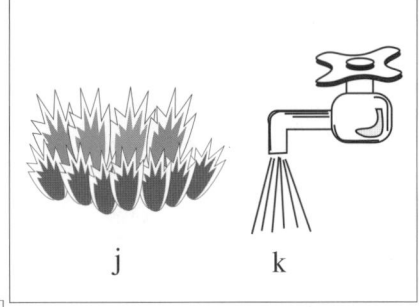

j □ ひ　　k □ みず

c □□　d □□　e □□
　がっこう　せんせい　がくせい

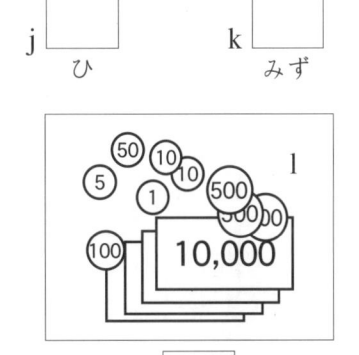

l お□
　かね

§1 読む漢字

用紙記入(ようしきにゅう) ◆ Filling out Forms

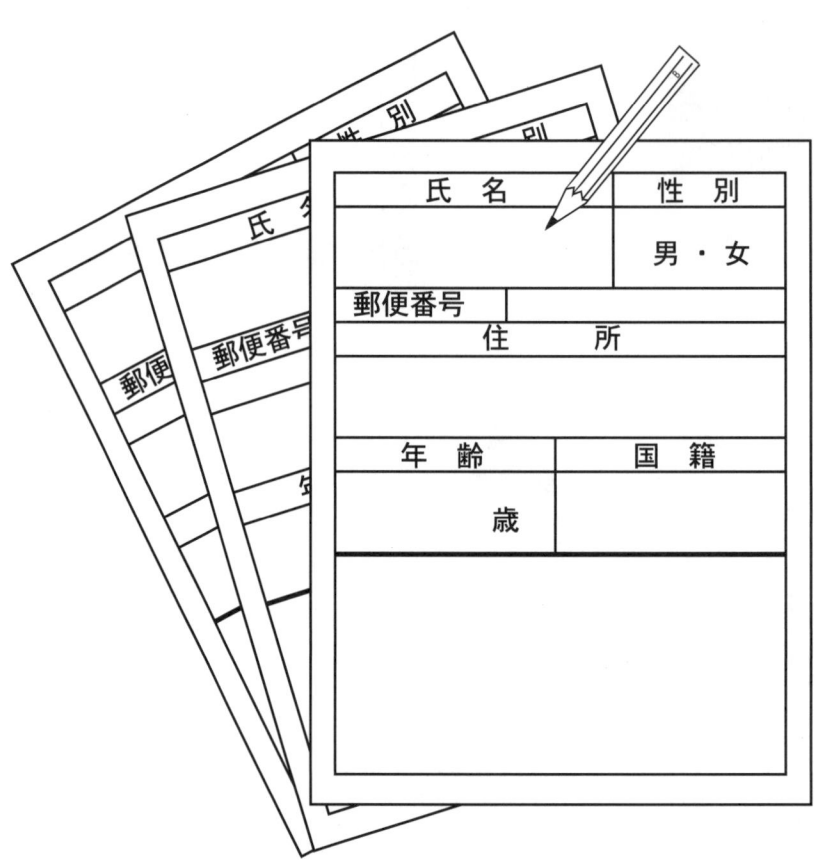

郵便番号(ゆうびんばんごう) postal code
住所(じゅうしょ) address
氏名(しめい) name
性別(せいべつ) sex

男(おとこ) male
女(おんな) female
年齢(ねんれい) age
〜歳(さい) 〜years old
国籍(こくせき) nationality

Chapter 2

§2-1 練習

029 年 とし / ネン

Stroke order: ノ ⺅ ⻄ 仁 乍 年

漢字	読み方	意味
年 (ねん/とし)	year	
今年 (ことし)	this year	
来年 (らいねん)	next year	
何年 (なんねん)	how many years, what year	

030 時 とき / ジ

Stroke order: 丨 冂 日 日 日⁻ 日⁺ 旪 旪 時 時

漢字	読み方
時 (とき)	time
三時 (さんじ)	three o'clock
時間 (じかん)	time
*時計 (とけい)	watch

031 分 わ(けます) / わ(かります) / フン〈プン・ブン〉

Stroke order: ノ 八 分 分

漢字	読み方
分けます (わけます)	to divide
分かります (わかります)	to understand
二分 (にふん)	two minutes
三分 (さんぷん)	three minutes
半分 (はんぶん)	half

§2-2

032 何 (なに/なん)

Stroke order: ノ 亻 亻 亻 何 何 何 (7 strokes)

- 何（なに）— what
- 何日（なんにち）— how many days / what day
- 何時（なんじ）— what time

033 半 (ハン)

Stroke order: 丶 丶 丷 𠂉 半 (5 strokes)

- 半年（はんとし）— half a year
- 六時半（ろくじはん）— six thirty
- 半分（はんぶん）— half

034 週 (シュウ)

Stroke order: 丿 冂 冃 冄 用 用 周 周 `周 週 週 (11 strokes)

- 今週（こんしゅう）— this week
- 先週（せんしゅう）— last week
- 一週間（いっしゅうかん）— one week

§ 2－3

035 行
- い（きます）
- コウ
- ギョウ

Stroke order (6 strokes): ノ ク イ 行 行 行

行きます	to go
銀行（ぎんこう）	bank
旅行（りょこう）	travel
行（ぎょう）	line

036 来
- き（ます）
- く（る）
- こ（ない）
- ライ

Stroke order (7 strokes): 一 ｒ ｒ 三 平 来 来

来ます	to come
来る	to come
来ない	not to come
来週（らいしゅう）	next week

037 帰
- かえ（ります）
- キ

Stroke order (10 strokes): 丨 丿 尸 尸 尸 尸 归 帰 帰 帰

帰ります	to go home
帰国（きこく）	going back to one's country

§2-4

038 休

- やす(みます)
- キュウ

Stroke order: ノ 亻 仁 什 休 休

Reading	Meaning
休みます	to rest, to be absent
休み	holiday
休日	holiday

039 曜

- ヨウ

Stroke order (5–18): 日 日⁷ 日ヨ 日ヨ⁷ 日ヨヨ 𣆶 𣆶⁷ 晠 晠⁷ 曜 曜 曜

Reading	Meaning
日曜日	Sunday
何曜日	what day

040 今

- いま
- コン
- コ

Stroke order: ノ 人 亽 今

Reading	Meaning
今	now
今週	this week
今年	this year
*今日	today

§2-5

041 毎 マイ

まいにち 毎日	every day
まいしゅう 毎週	every week
まいつき 毎月	every month
まいとし 毎年	every year

042 間 あいだ / ま / カン / ケン 〈ゲン〉

あいだ 間	interval
ま あ 間に合います	to be in time
じ かん 時間	time
にんげん 人間	human beings

043 私 わたし / わたくし / シ

| わたし/わたくし 私 | I |
| し りつ 私立 | private (school) |

33

§2 問題

問題Ⅰ ひらがなで 書きなさい。

① 私 　② 毎日 　③ 今週 　④ 来年
(　　) (　　　) (　　　) (　　　)

⑤ 毎月 　⑥ 今月 　⑦ 行きます 　⑧ 帰ります
(　　) (　　　) (　　　) (　　　)

⑨ 来ます 　⑩ 休みます 　⑪ 時間 　⑫ 三時
(　　) (　　　) (　　　) (　　　)

⑬ 十二時 　⑭ 九時 　⑮ 十時半 　⑯ 何曜日
(　　) (　　　) (　　　) (　　　)

⑰ 九分 　⑱ 今年 　⑲ 銀行 　⑳ 今日
(　　) (　　　) (　　　) (　　　)

問題Ⅱ ひらがなで 書きなさい。

① <u>私</u>は <u>毎日</u> <u>六時半</u> におきます。
(　) (　　　) (　　　)

② <u>今日</u>は <u>一時</u>に <u>銀行</u> へ <u>行きます</u>。
(　　) (　　) (　　) (　　　)

③ <u>毎日</u> <u>四時間</u> アルバイトをします。<u>月曜日</u> と <u>水曜日</u>は <u>休み</u>です。
(　　) (　　　) 　　　(　　　) (　　　) (　　)

④ <u>今年</u> の <u>四月四日</u> に 日本へ <u>来ました</u>。
(　　) (　　　) 　(　　　)

⑤ ブラウンさんは、<u>来年</u>の <u>九月</u>にアメリカへ<u>帰ります</u>。
　　　　　　(　　) (　　) 　　　(　　　)

⑥ <u>今</u>、 <u>四時四分</u> です。
(　) (　　　)

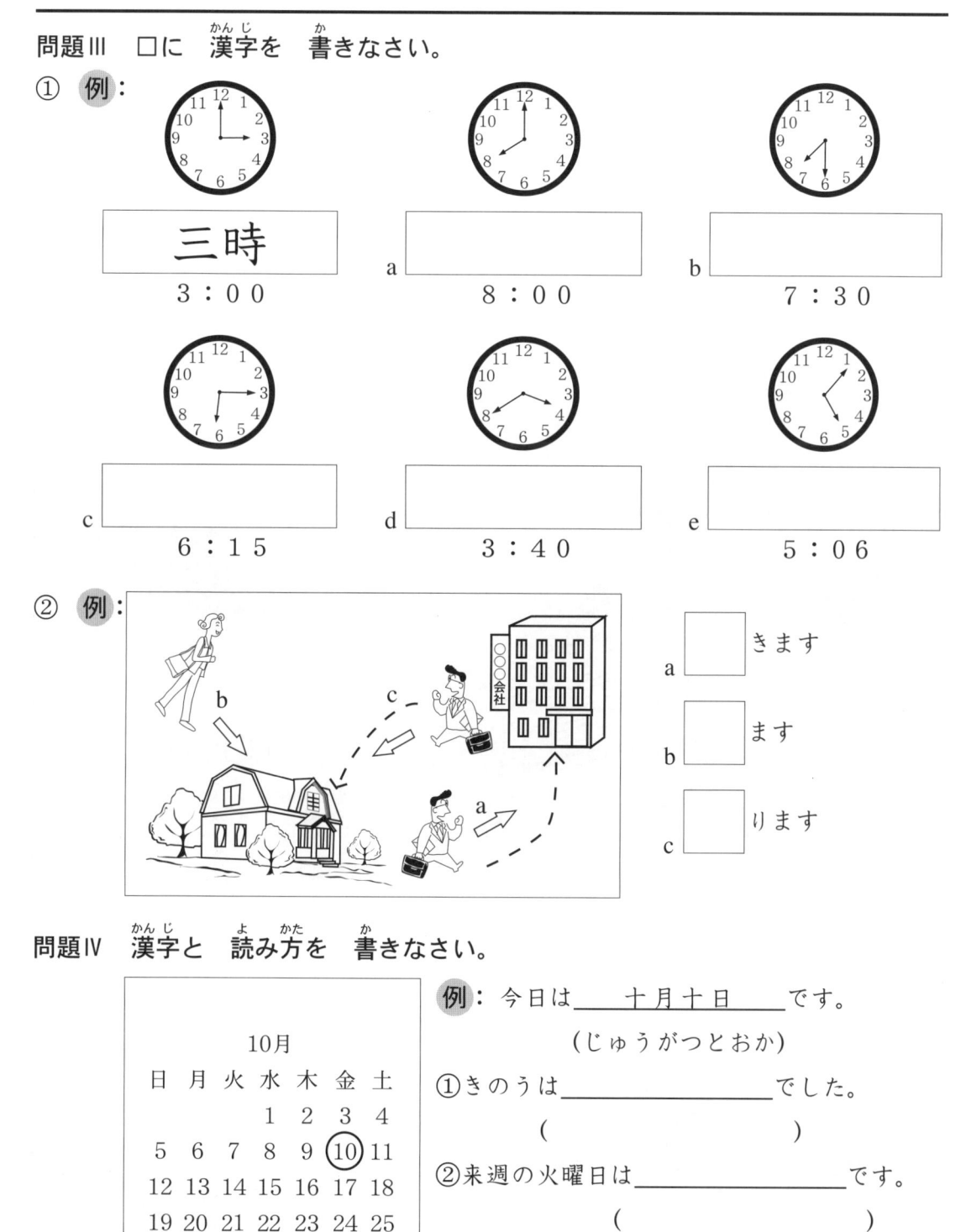

§ 2

問題Ⅲ □に 漢字を 書きなさい。

① 例： 三時　3:00
a　　　8:00
b　　　7:30
c　　　6:15
d　　　3:40
e　　　5:06

② 例：
a ___ きます
b ___ ます
c ___ ります

問題Ⅳ 漢字と 読み方を 書きなさい。

10月
日 月 火 水 木 金 土
　　　　　 1 2 3 4
5 6 7 8 9 ⑩ 11
12 13 14 15 16 17 18
19 20 21 22 23 24 25
26 27 28 29 30 31

例：今日は ___十月十日___ です。
　　　　　（じゅうがつとおか）

①きのうは _____ でした。
　　（　　　　　　　）

②来週の火曜日は _____ です。
　　　　　　（　　　　　　　）

③ _____ の _____ は10月2日でした。
（　　　）（　　　　　）

§2 読む漢字

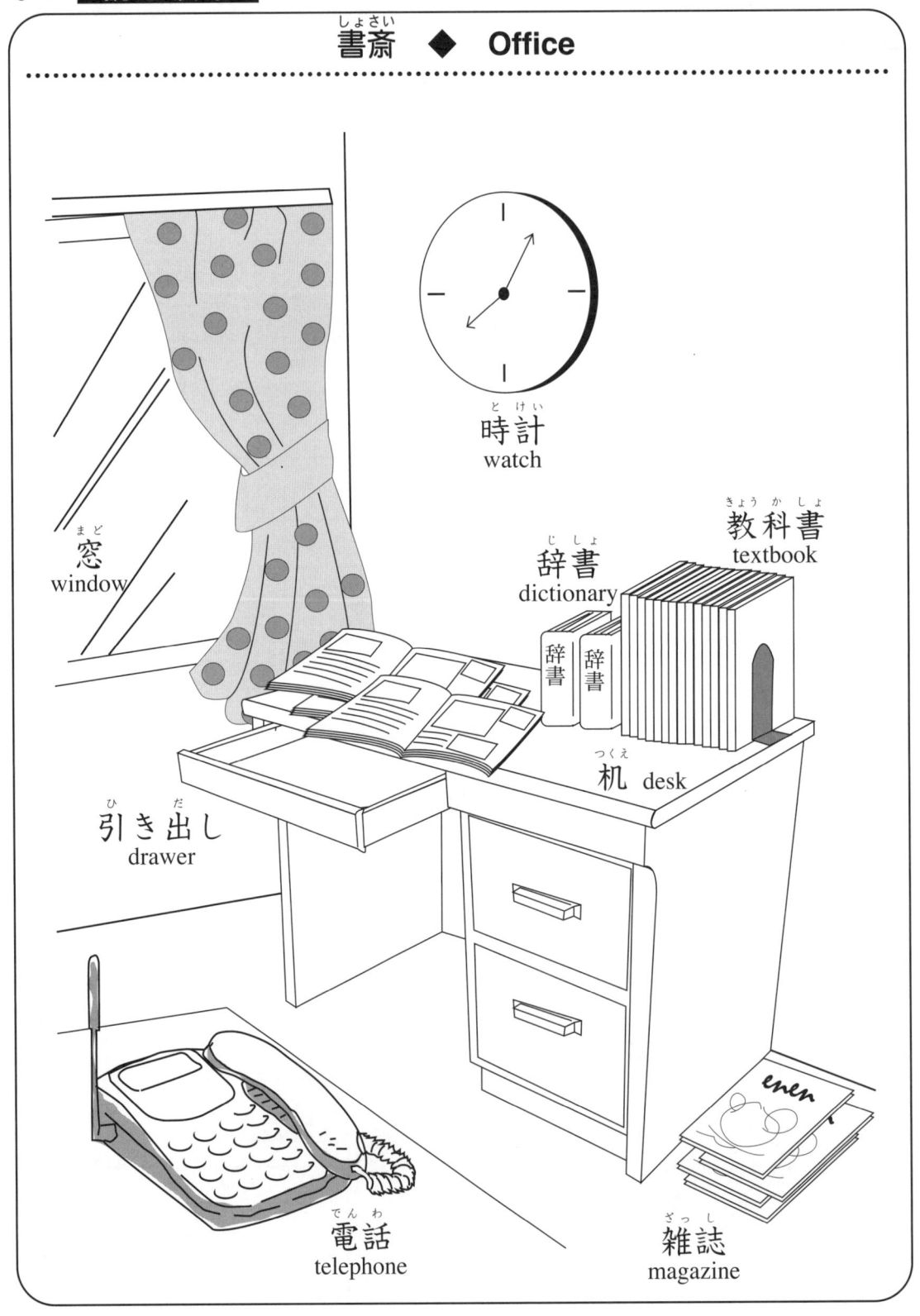

書斎（しょさい） ◆ Office

- 時計（とけい） watch
- 窓（まど） window
- 辞書（じしょ） dictionary
- 教科書（きょうかしょ） textbook
- 机（つくえ） desk
- 引き出し（ひきだし） drawer
- 電話（でんわ） telephone
- 雑誌（ざっし） magazine

Chapter 3

§3−1 練習

044 上

- うえ
- あ(がります)
- あ(げます)
- のぼ(ります)
- ジョウ

Stroke order: 1 丨　2 ト　3 上

上 (うえ)	on
上がります (あ)	to go up
上げます (あ)	to raise, ascent
上り (のぼ)	ascent, up train
上手(な) (じょうず)	good, well

045 下

- した
- さ(がります)
- さ(げます)
- くだ(ります)
- カ・ゲ

Stroke order: 1 一　2 丅　3 下

下 (した)	under
下がります (さ)	to go down
下げます (さ)	to lower
下り (くだ)	desent, down train
地下鉄 (ちかてつ)	subway

046 中

- なか
- チュウ

Stroke order: 1 丨　2 冂　3 口　4 中

中 (なか)	in, inside
中学校 (ちゅうがっこう)	junior high school
中学生 (ちゅうがくせい)	junior high school student

§ 3－2

047 右
みぎ / ユウ

ノ ナ ナ 右 右

右	right
右手	right hand
左右	right and left

048 左
ひだり / サ

一 ナ 左 左 左

左	left
左手	left hand
左右	right and left

049 前
まえ / ゼン

丶 ⺍ 丷 广 产 肯 肯 前 前

前	before, front
名前	name
午前	morning

§3-3

050 後
うし(ろ)
あと
ゴ

Stroke order (1-9): ノ 彳 彳 彳 彳 彳 彳 後 後

後ろ	behind
あと 後	after
ごご 午後	afternoon

051 大
おお(きい)
ダイ
タイ

Stroke order (1-3): 一 ナ 大

おお 大きい	big
だいがく 大学	university
だいがくせい 大学生	university student
おとな *大人	adult
たいしかん 大使館	embassy

052 小
ちい(さい)
こ
ショウ

Stroke order (1-3): 亅 小 小

ちい 小さい	small
しょうがっこう 小学校	elementary school
しょうがくせい 小学生	elementary school student

39

§3-4

053 出

で（ます）
だ（します）
シュツ
〈シュッ〉

1 ｜ 2 十 3 屮 4 出 5 出

- 出ます to go out
- 出します to put out
- 出口 exit
- 出発 departure

054 入

はい（ります）
い（れます）
ニュウ

1 ノ 2 入

- 入ります to enter
- 入れます to put in
- 入学 enter school
- 入国 enter a country

055 午

ゴ

1 ノ 2 ⺅ 3 ⼆ 4 午

- 午前 morning
- 午前中 in the morning
- 午後 afternoon

§3-5

056 円 エン
1 丨　2 冂　3 冂　4 円

ひゃくえん 百円	one hundred yen
せんえん 千円	one thousand yen
いちまんえん 一万円	ten thousand yen
ひゃくまんえん 百万円	one million yen

057 国 くに / コク〈ゴク〉
1 丨　2 冂　3 冂　4 冂　5 囗　6 囯　7 国　8 国

くに 国	country
がいこくじん 外国人	foreigner
こくめい 国名	the name of the country
ちゅうごく 中国	China

058 名 な / メイ
1 ノ　2 ク　3 夕　4 夕　5 名　6 名

なまえ 名前	name
ゆうめい 有名（な）	famous

§3 問題

問題 I　ひらがなで 書きなさい。

① 上（　　　）② 下（　　　）③ 右（　　　）④ 左（　　　）

⑤ 大きい（　　　）⑥ 小さい（　　　）⑦ 出ます（　　　）⑧ 入ります（　　　）

⑨ 国（　　　）⑩ 中（　　　）⑪ 中国（　　　）⑫ 名前（　　　）

⑬ 午前（　　　）⑭ 午後（　　　）⑮ 大人（　　　）⑯ 大学（　　　）

⑰ 中学校（　　　）⑱ 小学校（　　　）⑲ 入れます（　　　）⑳ 百円（　　　）

問題 II　ひらがなで 書きなさい。

①あの <u>女の人</u>は　<u>中国</u>のチンさんです。チンさんは <u>大学</u>の <u>先生</u>です。
　　　（　　　）（　　　）　　　　　　　　　　（　　　）（　　　）

②<u>大きい</u>はこの <u>中</u>に、　<u>小さい</u>はこを <u>入れます</u>。
（　　　）（　　　）（　　　）（　　　）

③この <u>本</u>は　<u>二千六百四十円</u>です。
　　　（　　）（　　　　　　　）

④<u>毎週</u>、日曜日の　<u>午後</u>、テニスをします。
（　　　）　　　　（　　　）

⑤<u>私</u>のへやの　<u>上</u>は、コウさんのへやです。コウさんのへやの <u>右</u>は、キムさんのへやです。
（　　　）（　　　）　　　　　　　　　　　　　　　　　（　　　）

⑥<u>先週</u>、　　<u>国</u>からともだちが <u>来ました</u>。いっしょに横浜へ <u>行きました</u>。
（　　　）（　　　）　　（　　　）　　　　　　　　　（　　　）

⑦<u>私</u>のいもうとは、<u>来年</u>の　<u>四月</u>に　<u>小学校</u>に　<u>入ります</u>。
　　　　　　　　（　　　）（　　　）（　　　）（　　　）

§3

問題III　□に 漢字を 書きなさい。

　　　　　　　　　　　　　　　ヤン　　シン　　青木先生
　　　　　　　　　　　　　　　　ブラウン　　リン

例：シンさんは、ヤンさんの　右　にいます。

① ブラウンさんはヤンさんの　□　にいます。

② リンさんはヤンさんの　□　にいます。

③ ヤンさんの　□　ろは　青木先生です。

④ テレビの　□　に　□　さいかばんがあります。

⑤ つくえの　□　に　□　きいかばんがあります

問題IV　□に 漢字を 書きなさい。

① □の　□□　は_____です。
　　わたし　な　まえ　　（あなたのなまえ）

② 出ます　⇔　□ります

③ 午前　⇔　□□

§3 読む漢字

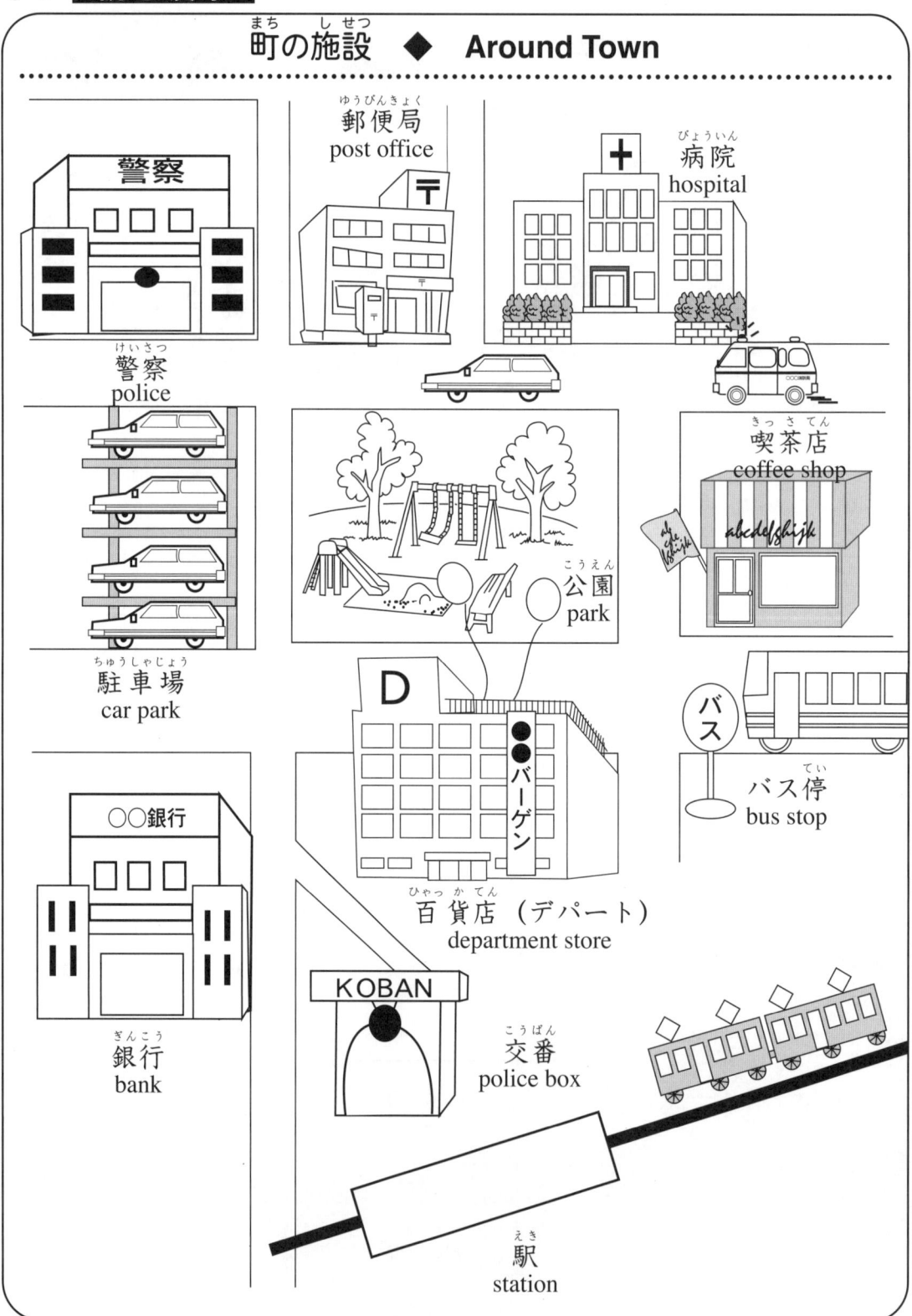

町(まち)の施設(しせつ) ◆ Around Town

- 警察(けいさつ) police
- 郵便局(ゆうびんきょく) post office
- 病院(びょういん) hospital
- 駐車場(ちゅうしゃじょう) car park
- 公園(こうえん) park
- 喫茶店(きっさてん) coffee shop
- 銀行(ぎんこう) bank
- 百貨店(ひゃっかてん)(デパート) department store
- バス停(てい) bus stop
- 交番(こうばん) police box
- 駅(えき) station

Chapter 4

§4-1 練習

059 子 こ/シ

フ 了 子

子ども	child
女の子	girl
男の子	boy

060 友 とも/ユウ

一 ナ 方 友

| 友だち | friend |
| 友人 | friend |

061 車 くるま/シャ

一 厂 亓 后 百 亘 車

車	car
電車	train
自動車	car

§4－2

062 電 デン
一 ア 干 干 干 示 雨 雨 雷 雷 雷 電 電

- 電車 train
- 電話 telephone
- 電気 electricity

063 田 た〈だ〉
丨 冂 冂 用 田

- 田 rice field
- 田んぼ paddy field

064 去 キョ
一 十 土 去 去

- 去年 last year

§ 4−3

065 山
やま / サン〈ザン〉
1 丨 2 山 3 山

山	mountain
富士山 (ふじさん)	Mt. Fuji
火山 (かざん)	volcano

066 川
かわ〈がわ〉
1 ノ 2 丿丨 3 川

| 川 (かわ) | river |
| ナイル川 (がわ) | Nile River |

067 口
くち〈ぐち〉/ コウ
1 丨 2 冂 3 口

口 (くち)	mouth
入口 (いりぐち)	entrance
出口 (でぐち)	exit
人口 (じんこう)	population

47

§4-4

068 手
- て / シュ
- 筆順: ノ 二 三 手

手	hand
手紙 (てがみ)	letter
歌手 (かしゅ)	singer
*上手 (じょうず)	good at
*下手 (へた)	bad at

069 足
- あし / た(ります) / た(します) / ソク〈ゾク〉
- 筆順: ١ ロ ロ 口 甲 足 足

足 (あし)	foot, leg
足ります (た)	to be enough
足します (た)	to add
一足 (いっそく)	a pair of (shoes)

070 目
- め / モク
- 筆順: ١ 冂 月 月 目

| 目 (め) | eye |
| 目的 (もくてき) | purpose |

§4-5

071 頭 あたま／ズ

| 頭 | head |
| 頭痛 | headache |

072 天 テン

天	heaven
天気	weather
天国	heaven, paradise

073 気 キ

元気(な)	healthy
病気	sick
天気	weather
電気	electricity

§4 問題

問題I　ひらがなで 書きなさい。

① 子ども（　　　）② 車（　　　）③ 電車（　　　）④ 田（　　　）
⑤ 去年（　　　）⑥ 目（　　　）⑦ 口（　　　）⑧ 手（　　　）
⑨ 足（　　　）⑩ 頭（　　　）⑪ 天気（　　　）⑫ 山（　　　）
⑬ 川（　　　）⑭ 友だち（　　　）⑮ 入口（　　　）⑯ 出口（　　　）
⑰ 右手（　　　）⑱ 左手（　　　）⑲ 上手（　　　）⑳ 下手（　　　）

問題II　ひらがなで 書きなさい。

①ここは<u>出口</u>です。　<u>入口</u>はあちらです。
　　　（　　　）　（　　　）

②<u>電車</u>が　<u>来ました</u>。
（　　　）（　　　）

③<u>去年</u>、　<u>子ども</u>が　<u>生まれました</u>。　<u>男の子</u>です。
（　　　）（　　　）（　　　）（　　　）

④<u>山</u>の　<u>上</u>から　<u>下</u>を　みました。<u>川</u>や　<u>田</u>んぼがきれいでした。
（　）（　）（　）　　　　（　）（　）

⑤<u>今日</u>は　<u>天気</u>がいいです。<u>友だち</u>と　<u>車</u>で　富士山へ<u>行きます</u>。
（　）（　）　　　　（　　）（　）　　　　（　　）

⑥キムさんは<u>目</u>が　<u>大きくて</u>、　<u>足</u>がながいです。　<u>頭</u>もいいです。
　　　　　（　）（　　）　（　）　　　　　　（　）

⑦私は　<u>左手</u>で　<u>書きます</u>。
　　（　　　）

⑧　私はピアノは<u>上手</u>ですが、うたは<u>下手</u>です。
　　　　　　（　　）　　　　（　　）

§4

問題III □に 漢字を 書きなさい。

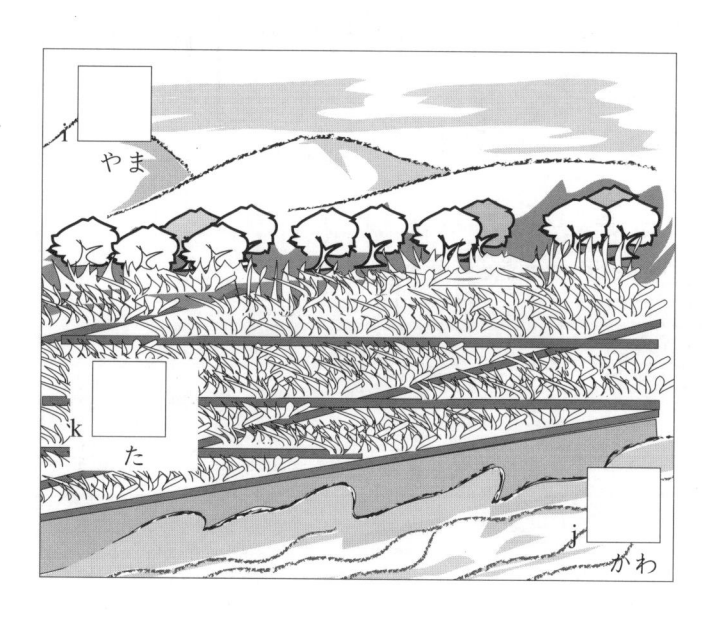

e (鼻)
f (耳)

g □□ h □ども
  おとな

i □ やま
k □ た
j □ かわ

l □□ がいい

m □□ がわるい

§4 読む漢字

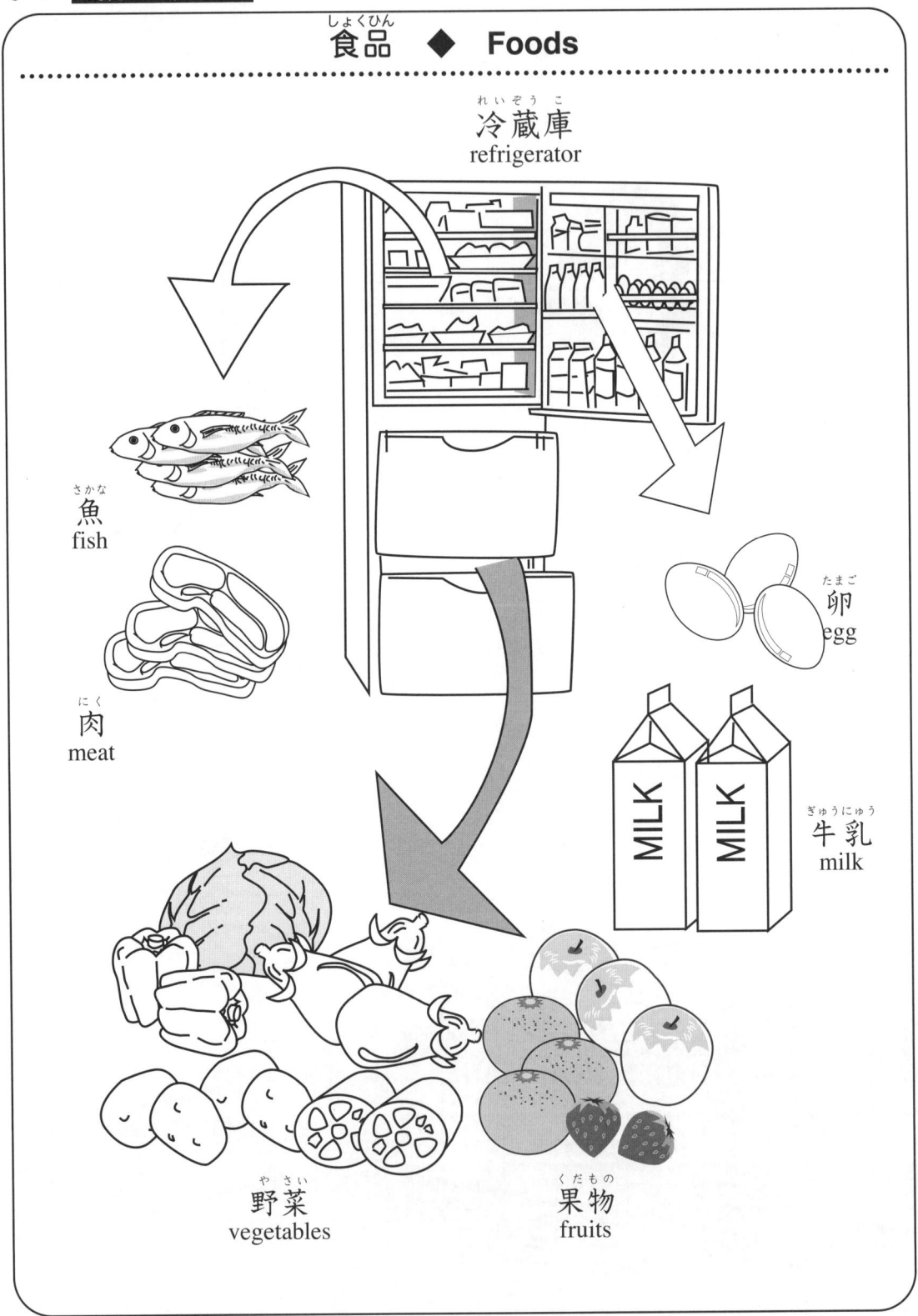

食品(しょくひん) ◆ Foods

- 冷蔵庫(れいぞうこ) refrigerator
- 魚(さかな) fish
- 肉(にく) meat
- 卵(たまご) egg
- 牛乳(ぎゅうにゅう) milk
- 野菜(やさい) vegetables
- 果物(くだもの) fruits

Chapter 5

§5-1 練習

074 駅　エキ

1	2	3	4	5	6	7	8	9	10	11	12	13	14
丨	厂	厂	开	开	馬	馬	馬	馬	馬	馬ˋ	馬ˊ	駅	駅

- 駅（えき）　station
- 駅前（えきまえ）　in front of the station

075 会　あ（います）／カイ

1	2	3	4	5	6
ノ	人	소	会	会	会

- 会（あ）います　to meet
- 会社（かいしゃ）　company
- 会話（かいわ）　conversation

076 社　シャ〈ジャ〉

1	2	3	4	5	6	7
丶	ラ	ネ	ネ	衤	社	社

- 会社（かいしゃ）　company
- 社会（しゃかい）　society
- 社長（しゃちょう）　president

§5−2

077 店 (みせ/テン)

Stroke order: 丶 亠 广 广 庐 庐 店 店

店	store
店員 (てんいん)	employee
喫茶店 (きっさてん)	coffee shop

078 家 (いえ/カ)

Stroke order: 丶 宀 宀 宀 宁 宇 宇 家 家 家

家 (いえ)	house
大家さん (おおや)	landlord
家族 (かぞく)	family

079 銀 (ギン)

Stroke order: ノ 丿 仐 牟 牟 金 金 釘 釘 釦 釦 銀 銀 銀

銀 (ぎん)	silver
銀行 (ぎんこう)	bank

§5-3

080 町

まち / チョウ

Stroke order: 一 丁 丁 冂 田 田 町 町 (7 strokes)

町	town
〜町	municipality

081 見

み(ます) / み(せます) / ケン

Stroke order: 丨 冂 冂 月 目 貝 見 (7 strokes)

見ます	to see
見せます	to show
見学	field trip

082 聞

き(きます) / ブン

Stroke order: 丨 冂 冂 冂 門 門 門 門 門 門 閂 間 間 聞 (14 strokes)

聞きます	to hear, listen
新聞	newspaper

§5-4

083 食

た（べます）
ショク
〈ショッ〉

Stroke order: ノ 人 𠆢 今 今 会 食 食 食

	reading
食べます	to eat
食べ物	food
食事	meal
夕食	dinner

084 飲

の（みます）

Stroke order: ノ 人 𠆢 今 今 会 食 食 food 飲 飲 飲

	reading
飲みます	to drink
飲み物	drink

085 勉

ベン

Stroke order: ノ 丿 彡 夕 免 免 免 免 勉 勉

	reading
勉強	study

§5-5

086 強
つよ（い）
キョウ

フ コ 弓 弓' 弓'' 強 強 強 強 強 強

強い strong
勉強 study

087 書
か（きます）
ショ

フ フ ヨ ヨ 肀 聿 書 書 書 書

書きます to write
辞書 dictionary

088 紙
かみ〈がみ〉

く ㄠ 幺 ㄠ 糸 糸 紅 紙 紙 紙

紙 paper
手紙 letter

§5 問題

問題Ⅰ　ひらがなで　書(か)きなさい。

① 駅　　　② 会社　　　③ 会います　　　④ 家
（　　　）（　　　　）（　　　　　）（　　　）

⑤ 銀行　　⑥ 食べます　⑦ 飲みます　　⑧ 見ます
（　　　）（　　　　）（　　　　　）（　　　）

⑨ 聞きます　⑩ 書きます　⑪ 勉強します　⑫ 紙
（　　　）（　　　　）（　　　　　）（　　　）

⑬ 手紙　　⑭ 店　　　　⑮ 喫茶店
（　　　）（　　　　）（　　　　　）

問題Ⅱ　ひらがなで　書(か)きなさい。

①家から　会社まで　三十分かかります。
（　）（　　　）（　　　　）

②駅の　前に　銀行があります。
（　）（　　）（　　　）

③喫茶店(きっさてん)で　友だちと　会いました。　二人でコーヒーを飲みました。
　　　　　　　（　　　）（　　　）（　　）　　　（　　　）
ケーキも食べました。
　　　（　　　）

④日曜日は、　家で、テレビを見たり、おんがくを聞いたり、
（　　　）（　　）　　　（　　　）　　　　（　　　）
手紙を　書いたりします。
（　　）（　　）

⑤きのうは漢字の勉強をしました。
　　　　　　　（　　　）

⑥この町には　大きい　会社がたくさんあります。
（　）（　　）（　　　）

⑦駅の　中に　食べものの　店があります。
（　）（　）（　　　　）（　　）

§5

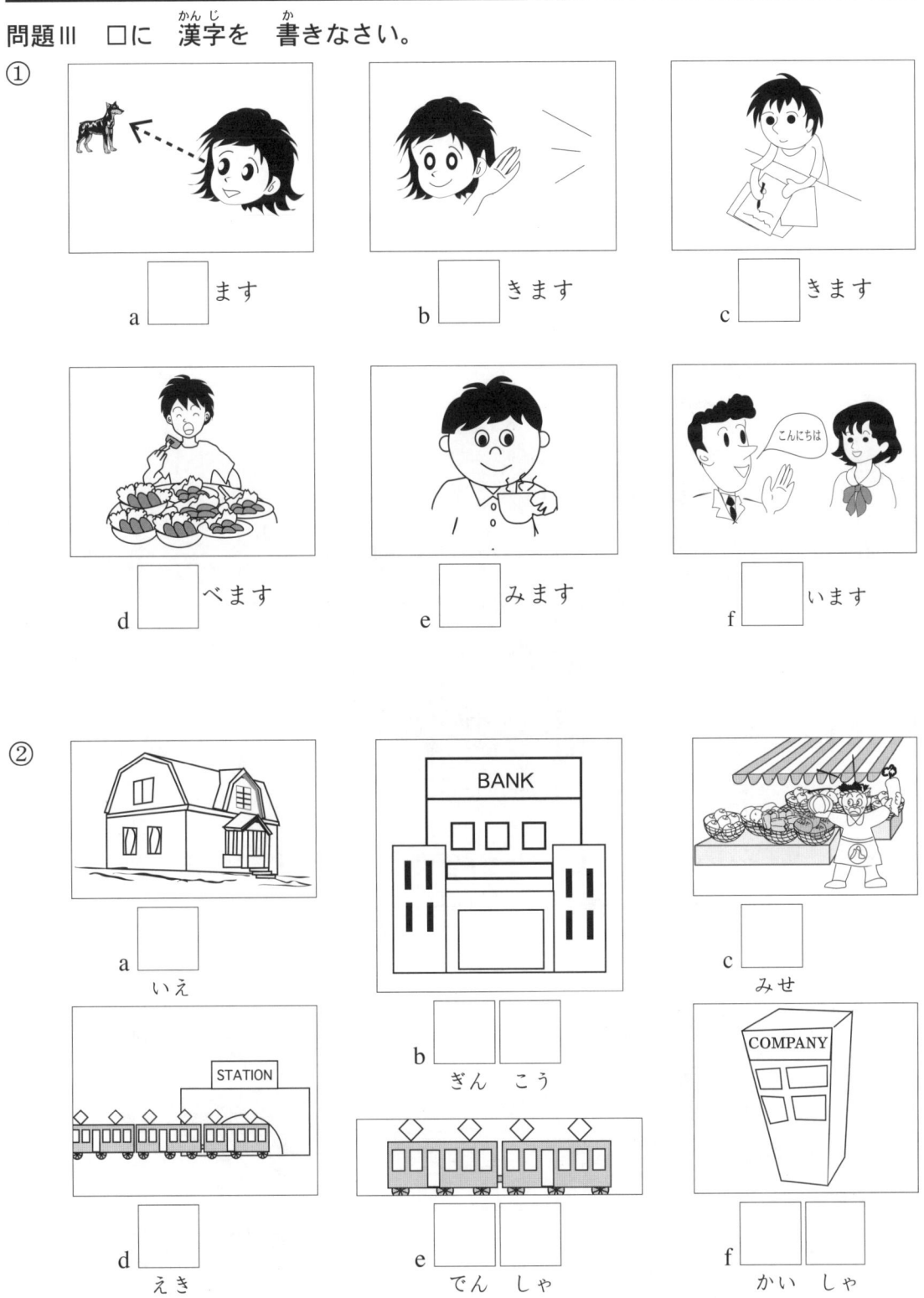

問題III □に 漢字を 書きなさい。

①
a □ ます
b □ きます
c □ きます
d □ べます
e □ みます
f □ います

②
a □ いえ
b □□ ぎんこう
c □ みせ
d □ えき
e □□ でんしゃ
f □□ かいしゃ

§5 読む漢字

調味料(ちょうみりょう) ◆ Seasonings

砂糖(さとう) — sugar

塩(しお) — salt

酢(す) — vinegar

油(あぶら) — oil

小麦粉(こむぎこ) — flour

Chapter 6

§6-1 練習

089 明

あか(るい) / メイ

1	2	3	4	5	6	7	8
丨	冂	日	日	日	明	明	明

- 明るい　bright
- *明日　tomorrow
- 説明　explanation

090 暗

くら(い) / アン

1	2	3	4	5	6	7	8	9	10	11	12	13
丨	冂	日	日	日'	旷	旷	旷	晬	晬	暗	暗	暗

- 暗い　dark
- 暗算　mental arithmetic

091 安

やす(い) / アン

1	2	3	4	5	6
丶	丷	宀	宊	安	安

- 安い　cheap
- 安心　peace of mind
- 安全(な)　safe

§6-2

092 高
- たか(い) / コウ
- Strokes: 丶 亠 亠 古 古 亨 高 高 高 高
- 高い — high
- 高校 (こうこう) — high school

093 低
- ひく(い) / テイ
- Strokes: ノ イ イ´ 仁 仜 低 低
- 低い — low

094 広
- ひろ(い) / コウ
- Strokes: 丶 亠 广 広 広
- 広い — wide

§6－3

095 長 — なが(い) / チョウ

Strokes: 1 丨　2 𠂆　3 厂　4 F　5 톤　6 镸　7 長　8 長

- 長い (なが) — long
- 校長 (こうちょう) — headmaster (of a school)
- 社長 (しゃちょう) — president

096 短 — みじか(い) / タン

Strokes: 1 ノ　2 ㇉　3 ヒ　4 仨　5 矢　6 矢　7 矢⁻　8 知　9 知　10 知　11 短　12 短

- 短い (みじか) — short
- 短期 (たんき) — short term

097 新 — あたら(しい) / シン

Strokes: 1 丶　2 亠　3 ㇒　4 ㇌　5 立　6 㢀　7 辛　8 辛　9 亲　10 亲̄　11 新̄　12 新　13 新

- 新しい (あたら) — new
- 新聞 (しんぶん) — newspaper
- 新年 (しんねん) — new year
- 新学期 (しんがっき) — new semester

§6-4

098 古 ふる(い) / コ
一 十 十 古 古
古い　old

099 白 しろ(い) / ハク
ノ イ 白 白 白
白い　white

100 赤 あか(い) / セキ
一 十 土 キ 赤 赤 赤
赤い　red
赤ちゃん　baby

§6-5

101 青
あお(い) / セイ

Stroke order: 一 十 キ 主 丰 青 青 青

青い	blue
青空	blue sky
青年	youth

102 近
ちか(い) / キン

Stroke order: ノ 厂 斤 斤 斤 近 近

| 近い | close |
| 近所 | neighborhood |

103 遠
とお(い) / エン

Stroke order: 一 十 土 キ 吉 吉 声 声 幸 袁 袁 遠 遠

| 遠い | far |
| 遠足 | excursion |

§6 問題

問題Ⅰ　ひらがなで　書(か)きなさい。

① 明るい　② 暗い　③ 安い　④ 高い
（　　　）（　　　）（　　　）（　　　）
⑤ 低い　⑥ 広い　⑦ 長い　⑧ 短い
（　　　）（　　　）（　　　）（　　　）
⑨ 新しい　⑩ 古い　⑪ 白い　⑫ 赤い
（　　　）（　　　）（　　　）（　　　）
⑬ 青い　⑭ 近い　⑮ 遠い
（　　　）（　　　）（　　　）

問題Ⅱ　ひらがなで　書(か)きなさい。

①今日の　新聞を　見ましたか。
（　　）（　　）（　　　）

②きのう 電車の　中で　校長先生に　会いました。
　　　（　　　）（　　）（　　　　）（　　　　）

③私のアパートは、安いですが、古くて　学校から　遠いです。
（　）　　　　　（　　）　（　　）（　　）（　　）

④その青いかばんはキムさんので、この赤いかばんが私のです。
　　（　　）　　　　　　　　　　（　　）

⑤新しいホテルは、　駅の　近くにあります。へやは広くて　明るいです。
（　　　）　　　（　）（　　）　　　　　（　　）（　　）

⑥新学期は　四月からです。
（　　　）（　　）

⑦友だちに　男の　赤ちゃんが生まれました。
（　　）（　　）（　　　）（　　　　）

§ 6

問題III □に 漢字を 書きなさい。

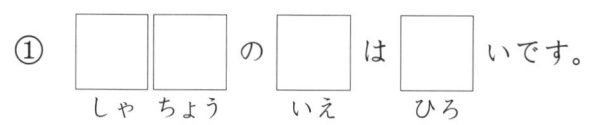

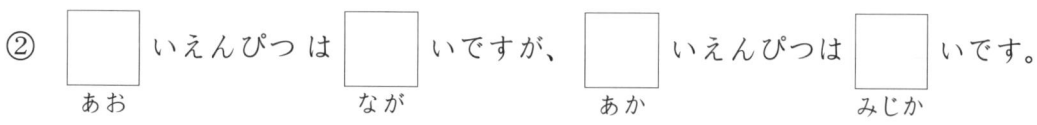

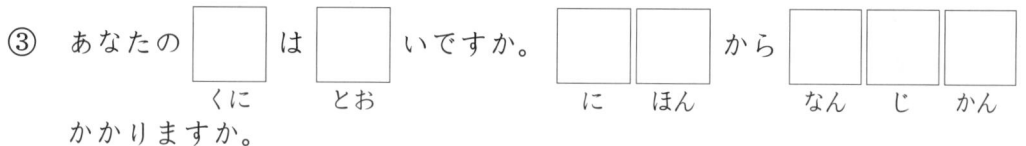

① □□ の □ は □ いです。
　　しゃ ちょう　いえ　　ひろ

② □いえんぴつは □いですが、□いえんぴつは □いです。
　　あお　　　　　なが　　　　　あか　　　　　みじか

③ あなたの □ は □ いですか。□□ から □□□
　　　　　　くに　　とお　　　　　に ほん　　なん じ かん
かかりますか。

④ あの □ い □ は □ しいです。
　　　　しろ　　くるま　あたら

⑤ ふじさんは □ い □ です。
　　　　　　　たか　　やま

問題IV 線で むすびなさい。

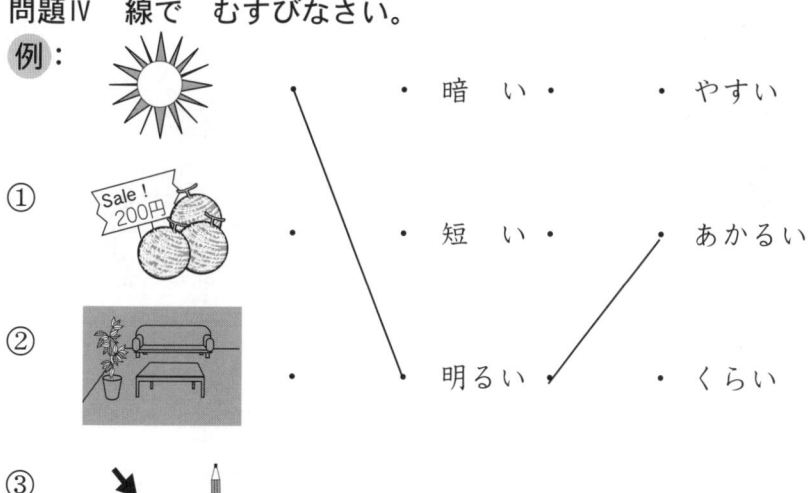

例： ☀ ーーー 暗 い ーーー あかるい

① (Sale 200円 みかん)　・　・ 短 い ・　・ あかるい

② (部屋)　・　・ 明るい ・　・ くらい

③ (折れた鉛筆)　・　・ 安 い ・　・ ひくい

④ (ビル)　・　・ 低 い ・　・ みじかい

§6 読む漢字

い形容詞(けいようし) ◆ *i-adjectives*

暑(あつ)い hot　寒(さむ)い cold　熱(あつ)い hot　冷(つめ)たい cold

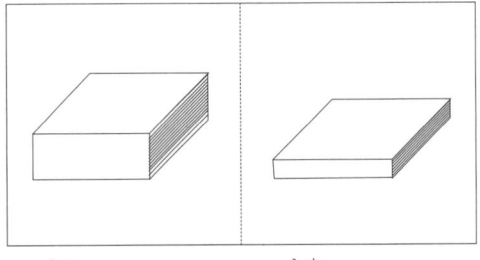

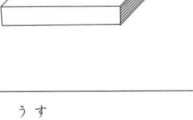

厚(あつ)い thick　薄(うす)い thin

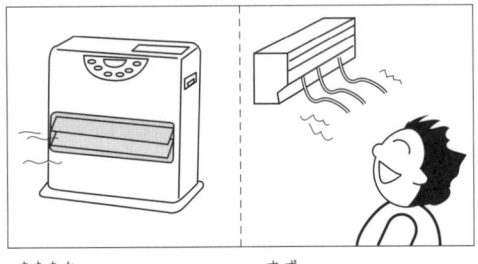

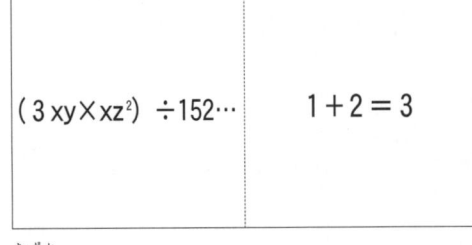

暖(あたた)かい warm　涼(すず)しい cool　速(はや)い quick　遅(おそ)い slow

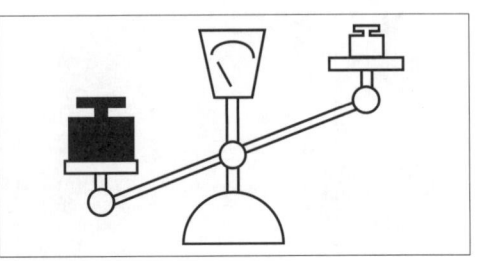

難(むずか)しい difficult　やさしい easy　重(おも)い heavy　軽(かる)い light

Chapter 7

§7-1 練習

104 元
ゲン / ガン

一 ニ テ 元

元気(な) healthy
元日=1月1日 New Year's Day
(がんじつ いちがつついたち)

105 有
あ(ります) / ユウ

ノ ナ オ 有 有 有

有ります to be, exist
有名(な) famous

106 言
い(います) / こと / ゲン / ゴン

、 一 亠 言 言 言 言

言います to say
言葉 word
言語 language
伝言 message

69

§7-2

107 語
- かた(ります)
- ゴ

Stroke order (1-14): 丶 亠 ニ 亖 言 言 訁 訂 訍 語 語 語 語 語

| 物語 | story |
| 英語 | English (language) |

108 話
- はなし
- はな(します)
- ワ

Stroke order (1-13): 丶 亠 ニ 亖 言 言 訁 訐 訒 託 話 話 話

話	talk
話します	to talk
会話	conversation
電話	telephone

109 読
- よ(みます)
- ドク

Stroke order (1-14): 丶 亠 ニ 亖 言 言 訁 訐 訪 詝 読 読 読 読

| 読みます | to read |
| 読書 | reading (books) |

§7-3

110 父 ちち / フ
Strokes: ノ ハ グ 父

- 父 my father
- 祖父 my grandfather
- *お父さん (someone's) father

111 母 はは / ボ
Strokes: ㄥ ㄇ ㄇ 母 母

- 母 my mother
- 母国 mother country
- 祖母 my grandmother
- *お母さん (someone's) mother

112 兄 あに / ケイ / キョウ
Strokes: 丨 ㄇ 口 尸 兄

- 兄 my elder brother
- *お兄さん (someone's) elder brother
- 兄弟 brother(s)

§7−4

113 弟 おとうと / ダイ

Stroke order: 丶 丷 丛 쓰 弟 弟 弟

- 弟 — my younger brother
- 弟さん — (someone's) younger brother
- 兄弟 (きょうだい) — brother(s)

114 姉 あね / シ

Stroke order: く タ 女 女ˊ 女一 女亠 姉 姉

- 姉 (あね) — my elder sister
- *お姉さん (ねえ) — (someone's) elder sister
- 姉妹 (しまい) — sister(s)

115 妹 いもうと / マイ

Stroke order: く タ 女 女一 女亠 妋 妹 妹

- 妹 (いもうと) — my younger sister
- 妹さん — (someone's) younger sister
- 姉妹 (しまい) — sister(s)

§7-5

116 色 (いろ)

Stroke order: ノ ク ク ク ク 色

- 色 (いろ) color
- ～色 (～いろ) color of ~

117 形 (かたち / ケイ / ギョウ)

Stroke order: 一 二 テ 开 形 形 形

- 形 (かたち) shape, form
- 辞書形 (じしょけい) dictionary form
- 人形 (にんぎょう) doll

118 声 (こえ〈ごえ〉/ セイ)

Stroke order: 一 十 士 吉 吉 吉 声

- 声 (こえ) voice
- 大声 (おおごえ) loud voice

§7 問題

問題I ひらがなで 書(か)きなさい。
① 元気　② 有名　③ 言います　④ 話します
（　　　）（　　　）（　　　　　）（　　　　　）
⑤ 日本語　⑥ 読みます　⑦ 父　⑧ 母
（　　　）（　　　　）（　　　）（　　　）
⑨ 兄　⑩ 弟　⑪ 姉　⑫ 妹
（　　　）（　　　）（　　　）（　　　）
⑬ 色　⑭ 形　⑮ 声
（　　　）（　　　）（　　　）

問題II 漢字(かんじ)を ひらがなで 書(か)きなさい。

①国の　お父さん、お母さんは　元気ですか。
（　）（　　　）（　　　）（　　　）

②妹は、小さい　声で　本を　読んでいます。
（　　）（　　　）（　　）（　　）（　　　）

③兄は　大学で　日本語を　勉強しています。
（　）（　　　）（　　　　）（　　　　）

④私の　車の　色は　赤です。
（　　）（　　　）（　　）（　　）

⑤兄弟は　何人ですか。
（　　　　）（　　　　）

⑥中田さんのお兄さんは　有名な　先生です。
　　　　　（　　　）（　　　　）（　　　）

⑦新しいくつですか。形が いいですね。
（　　　）　　　　（　　）

74

§ 7

問題Ⅲ　□に　漢字を　書きなさい。

① あなたの　□(くに)で　□□(ゆうめい)な　□(まち)は　どこですか。

② □□(まいあさ)、□□(しんぶん)を　□(よ)みますか。

③ いいかばんですね。□(いろ)も　□(かたち)も、とても　いいですね。

④ □□(でんわ)で　□(はは)と　□(はな)しました。

⑤ □(ちち)は　いつも　□□(げんき)で、□(こえ)も　□(おお)きいです。

問題Ⅳ　漢字と　読み方を　書きなさい。

	「私の〜」		「あなたの〜」	
	漢字	読みかた	漢字	読みかた
例	父	ちち	お父さん	おとうさん
a				
b				
c				
d				
e				

§7 読む漢字

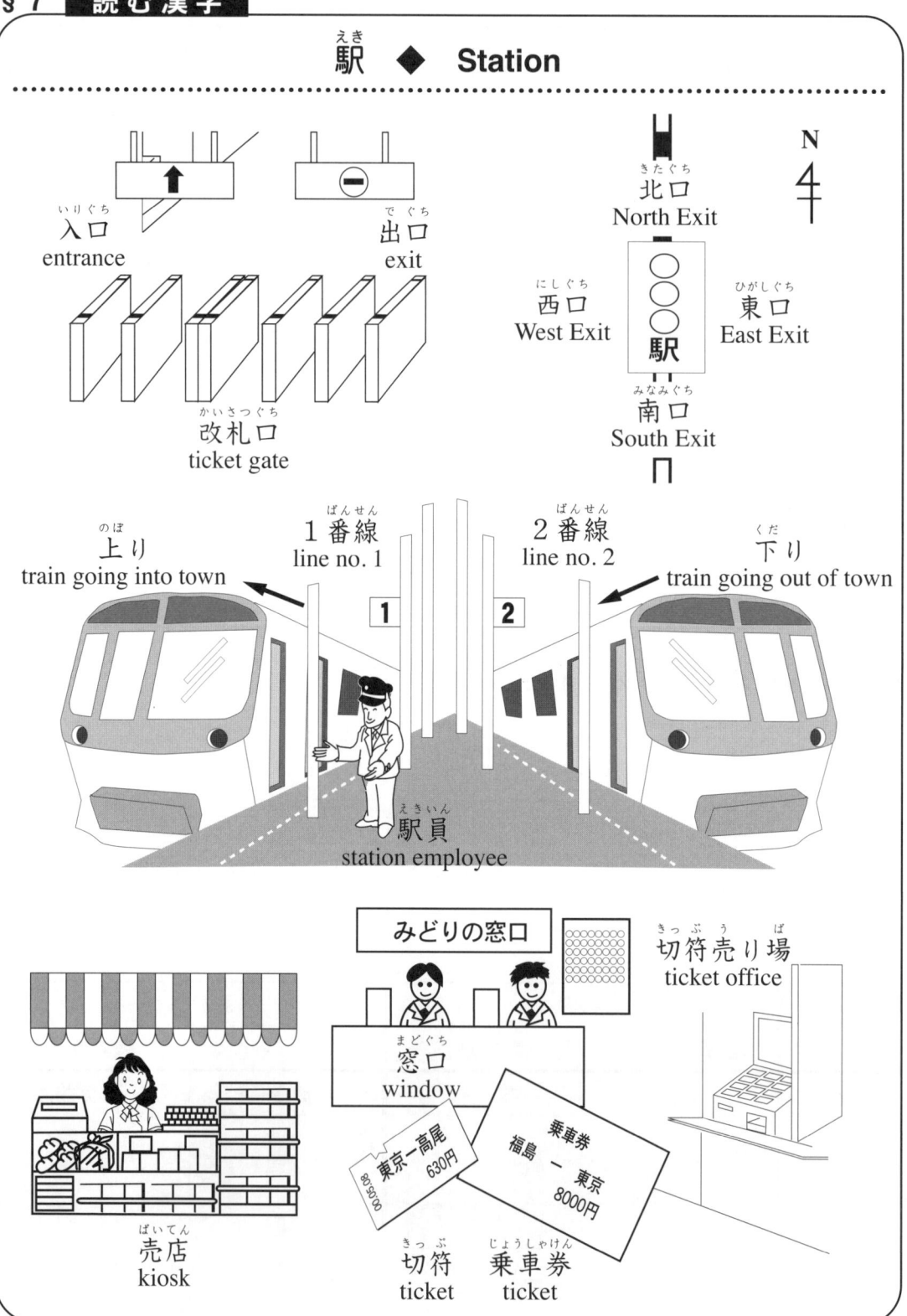

駅 ◆ Station

- 入口(いりぐち) entrance
- 出口(でぐち) exit
- 改札口(かいさつぐち) ticket gate
- 北口(きたぐち) North Exit
- 西口(にしぐち) West Exit
- 東口(ひがしぐち) East Exit
- 南口(みなみぐち) South Exit
- 1番線(ばんせん) line no. 1
- 2番線(ばんせん) line no. 2
- 上(のぼ)り train going into town
- 下(くだ)り train going out of town
- 駅員(えきいん) station employee
- みどりの窓口
- 窓口(まどぐち) window
- 切符売り場(きっぷうりば) ticket office
- 売店(ばいてん) kiosk
- 切符(きっぷ) ticket
- 乗車券(じょうしゃけん) ticket

東京―高尾 630円
福島 ― 東京 乗車券 8000円

Chapter 8

§8-1 練習

119 歩

あるㄑ(きます)
ホ

1	2	3	4	5	6	7	8
丨	𠂉	止	止	少	歩	歩	

歩きます　to walk
歩道　footpath

120 走

はし(ります)
ソウ

1	2	3	4	5	6	7
一	十	土	𠮷	キ	走	走

走ります　to run

121 朝

あさ
チョウ

1	2	3	4	5	6	7	8	9	10	11	12
一	十	十	古	吉	苔	直	卓	朝	朝	朝	朝

朝　morning
朝日　morning sun
朝食　breakfast
*今朝　this morning

§8-2

122 昼 (ひる / チュウ)

Stroke order: 丶 コ 尸 尺 尺 尽 昼 昼 昼

- 昼 — noon, day
- (お)昼(ご飯) — lunch
- 昼間 (ひるま) — daytime
- 昼食 (ちゅうしょく) — lunch

123 夜 (よ / よる / ヤ)

Stroke order: 丶 亠 广 疒 疒 夜 夜 夜

- 夜中 (よなか) — midnight, very late at night
- 夜 (よる) — evening, night
- 今夜 (こんや) — this evening

124 公 (コウ)

Stroke order: ノ 八 公 公

- 公園 (こうえん) — park

§8-3

125 園 エン

Strokes: 1 门 冂 同 同 周 周 閜 園 園 園 園 園

- 公園 (こうえん) park
- 動物園 (どうぶつえん) zoo

126 病 ビョウ

Strokes: 丶 亠 广 广 疒 疒 疒 病 病 病

- 病気 (びょうき) illness
- 病人 (びょうにん) ill person
- 病院 (びょういん) hospital

127 院 イン

Strokes: 了 阝 阝 阝' 阝' 阡 阡 院 院 院

- 入院 (にゅういん) entering hospital
- 大学院 (だいがくいん) graduate school
- 医院 (いいん) medical clinic

§8-4

128 仕
シ

ノ イ 什 什 仕

仕事 (しごと) work

129 事
こと〈ごと〉
ジ

一 丆 亓 吕 写 写 事

仕事 (しごと) work
事故 (じこ) accident
食事 (しょくじ) meal

130 外
そと
ほか
ガイ
ゲ

ノ ク タ 外 外

外 (そと) outside
外 (ほか) other else
外国人 (がいこくじん) foreigner
外出 (がいしゅつ) going out
外科 (げか) surgery

§8-5

131 親

おや / シン

1	2	3	4	5	6	7	8	9	10	11	12	13	14	15	16
`	亠	宀	立	立	辛	辛	亲	亲'	亲厂	亲斤	亲斤	亲斤	親		

- 親 (おや) parents
- 父親 (ちちおや) father
- 母親 (ははおや) mother
- 両親 (りょうしん) parents

132 切

き(ります) / きっ / セツ

1	2	3	4
一	七	切	切

- 切ります (きります) to cut
- 切手 (きって) stamp
- 親切 (しんせつ) kind

133 方

かた〈がた〉/ ホウ

1	2	3	4
`	亠	方	方

- あの方 (かた) that person
- 読み方 (よみかた) way to read
- 夕方 (ゆうがた) evening
- 方法 (ほうほう) way, method

§8 問題

問題Ⅰ　ひらがなで 書(か)きなさい。

① 歩きます　② 走ります　③ 切ります　④ 朝
（　　　）（　　　）（　　　）（　　　）

⑤ 昼　⑥ 夜　⑦ 公園　⑧ 病院
（　　　）（　　　）（　　　）（　　　）

⑨ 仕事　⑩ 外　⑪ 親　⑫ 読み方
（　　　）（　　　）（　　　）（　　　）

問題Ⅱ　ひらがなで 書(か)きなさい。

①<u>毎日</u>、<u>学校</u>まで <u>歩いて</u> <u>来ます</u>。
（　　　）（　　　）（　　　）（　　　）

②<u>朝</u>から <u>夜</u>まで <u>外</u>で <u>仕事</u>をします。
（　　　）（　　　）（　　　）（　　　）

③<u>父</u>は <u>朝</u>、<u>公園</u>で <u>走って</u>います。
（　　　）（　　　）（　　　）（　　　）

④<u>先生</u>は <u>今</u>、<u>病気</u>で <u>入院</u>しています。
（　　　）（　　　）（　　　）（　　　）

⑤あの<u>方</u>は とても <u>親切</u>です。
　　（　　　）　　　（　　　）

⑥<u>昼食</u>を <u>食べ</u>に <u>行きましょう</u>。
（　　　）（　　　）（　　　）

⑦<u>父親</u>は <u>日本</u>にいますが、<u>母親</u>は <u>国</u>にいます。
（　　　）（　　　）（　　　）（　　　）

§8

問題III □に 漢字を 書きなさい。

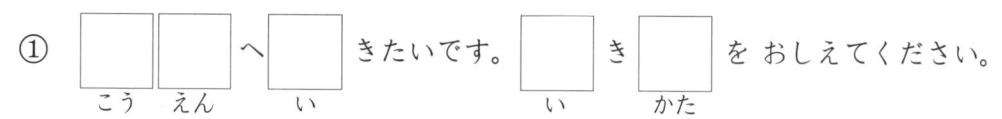

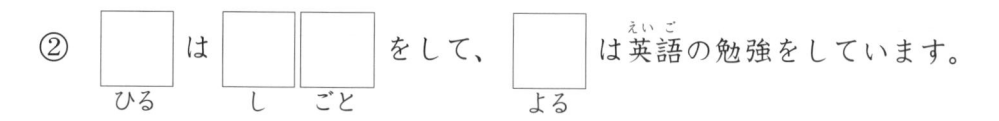

① □□へ □きたいです。□き□を おしえてください。
　　こう えん　い　　　　　　い　　かた

② □は □□をして、□は英語の勉強をしています。
　ひる　し ごと　　　よる

③ この □□に □□をはって出してください。
　　　て がみ　　き って

④ □いたり、□ったりします。
　ある　　　はし

⑤ 山下さんのおじさんは □□に います。
　　　　　　　　　　　がい こく

問題IV □に 漢字を 入れなさい。

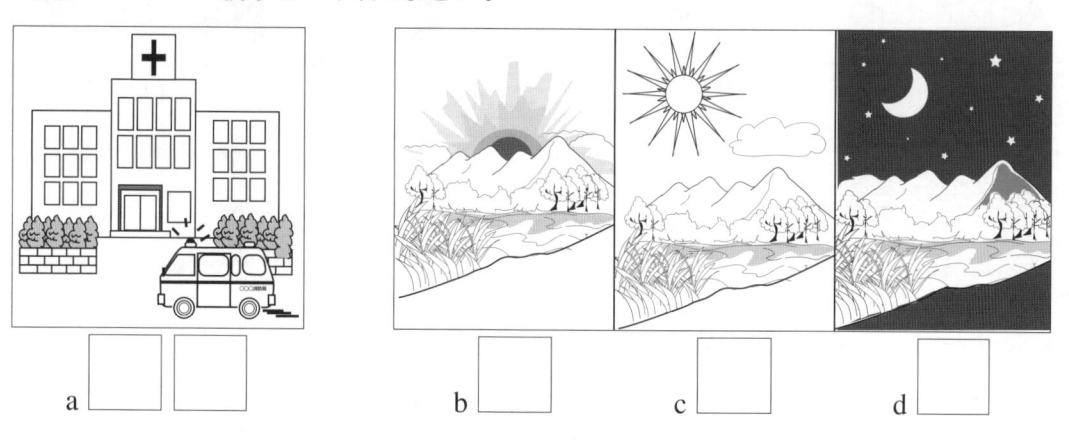

a □□　　b □　c □　d □

§8 読む漢字

病院（びょういん）（その１） ◆ Hospital (Part 1)

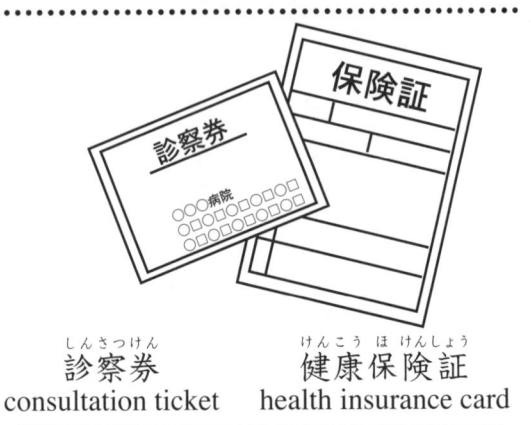

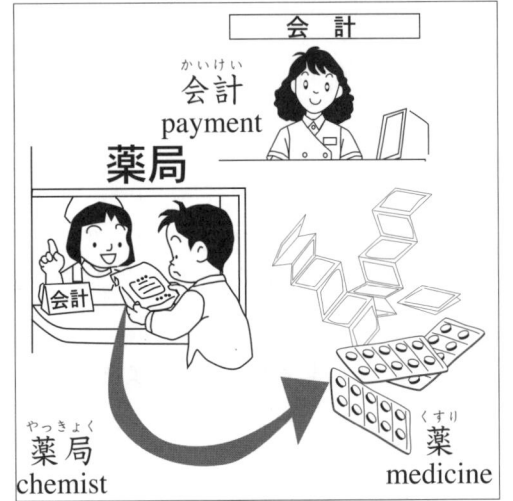

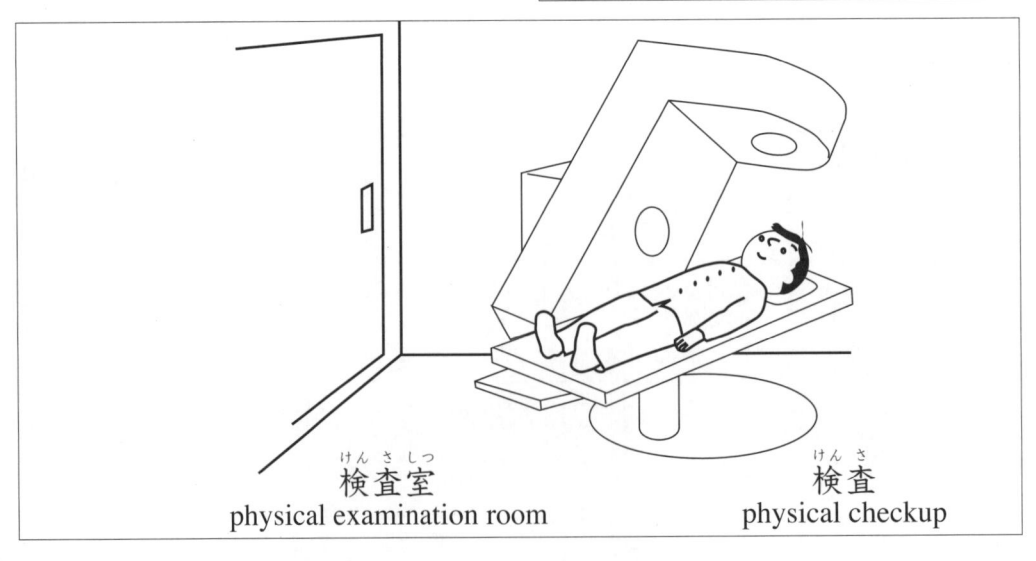

受付（うけつけ） reception

案内（あんない） guide

外来（がいらい） out-patient

診察（しんさつ） diagnosis

診察券（しんさつけん） consultation ticket

健康保険証（けんこうほけんしょう） health insurance card

会計（かいけい） payment

薬局（やっきょく） chemist

薬（くすり） medicine

検査室（けんさしつ） physical examination room

検査（けんさ） physical checkup

84

Chapter 9

§9-1 練習

134 料 リョウ

Stroke order: 丶 丷 㐄 半 米 米 米 米 籵 料

- りょうり 料理 — cooking
- りょうきん 料金 — charge, fee
- にゅうじょうりょう 入場料 — entrance fee
- ゆうりょう 有料 — charge

135 理 リ

Stroke order: 一 丁 F 王 刊 珂 珇 玾 理 理 理

- りょうり 料理 — cooking
- りゆう 理由 — reason
- ちり 地理 — geography

136 飯 めし / ハン

Stroke order: 丿 𠆢 𠆢 今 今 佥 食 食 飠 飣 飯 飯

- はん ご飯 — rice, meal
- ゆうはん 夕飯 — dinner

§9-2

137 物 もの / ブツ、モツ

ノ ナ 斗 牛 牛 物 物 物

物	thing
買い物	shopping
動物	animal
荷物	luggage

138 英 エイ

一 十 艹 艹 芇 苎 英 英

| 英語 | English |
| 英国 | England |

139 使 つか(います) / シ

ノ イ 亻 仁 伊 仴 使 使

使います	to use
使役形	causative form
大使	ambassador
大使館	embassy

§9-3

140 音
おと / オン / イン

1	2	3	4	5	6	7	8	9
丶	亠	宀	立	立	产	音	音	音

- 音 (おと) sound
- 音楽 (おんがく) music
- 母音 (ぼいん) vowel
- 子音 (しいん) consonant

141 楽
たの(しい) / ガク / ラク

1	2	3	4	5	6	7	8	9	10	11	12	13
丶	冫	白	白	白	冱	冱	泊	涵	楽	楽	楽	楽

- 楽しい (たのしい) enjoyable
- 音楽 (おんがく) music
- 楽(な) (らく) easy

142 空
そら / から / あ(きます) / クウ

1	2	3	4	5	6	7	8
丶	丷	宀	宀	穴	空	空	空

- 空 (そら) sky
- 空手 (からて) *karate*
- 空きます (あきます) to be emptied
- 空き缶 (あきかん) empty can
- 空気 (くうき) air

§9-4

143 住

す（みます）
ジュウ

Strokes: ノ 亻 亻 仁 仁 住 住

- 住みます　to live
- 住所　address

144 所

ところ
ショ〈ジョ〉

Strokes: 一 ラ ヨ 戸 戸 所 所 所

- 所　place
- 住所　address
- 場所　place

145 花

はな
カ

Strokes: 一 十 艹 艹 艾 花 花

- 花　flower
- 花屋　florist
- 花火　fireworks
- 花びん　vase

§9-5

146 屋 (や / オク)

Strokes: 　フ　コ　尸　尸　戸　居　居　屋　屋

部屋	へや	room
本屋	ほんや	bookstore
屋根	やね	roof
屋上	おくじょう	roof top

147 旅 (たび / リョ)

Strokes: 　ヽ　亠　方　方　方　扩　扩　旅　旅　旅

旅行	りょこう	travel

148 寺 (てら / ジ)

Strokes: 　一　十　土　±　寺　寺

（お）寺	てら	temple
〜寺（東大寺）	じ（とうだいじ）	〜 Temple (Todaiji temple)

§9 問題

問題I　ひらがなで　書(か)きなさい。
① 料理　　② ご飯　　③ 動物　　④ 英語
　(　　　)　　(　　　)　　(　　　)　　(　　　)
⑤ 使う　　⑥ 音　　⑦ 楽しい　　⑧ 空気
　(　　　)　　(　　　)　　(　　　)　　(　　　)
⑨ 住所　　⑩ 花屋　　⑪ 料金　　⑫ 有料
　(　　　)　　(　　　)　　(　　　)　　(　　　)

問題II　ひらがなで　書(か)きなさい。
①日本語はよくわかりませんから、英語で　話してください。
　(　　　)　　　　　　　　　(　　　)　(　　　)

②どんな日本料理を　　食べましたか。
　　　　(　　　　　)　(　　　　)

③私の　　家の　　近所に　　古い　　お寺があります。
(　　)(　　)(　　　　)(　　　)(　　　)

④きのうの夜は　　部屋で　　音楽を　　聞きました。
　　　(　　)　(　　　)　(　　　)　(　　　)

⑤外国へ　　旅行に　　行って、おもしろい物をいろいろ見ました。
(　　　)　(　　　)　(　　　)　　　　　(　　)　　　(　　　)

⑥今日は　　天気がいいです。空が　青くてきもちがいいです。
(　　　)　(　　　)　　　　(　　)　(　　　)

§9

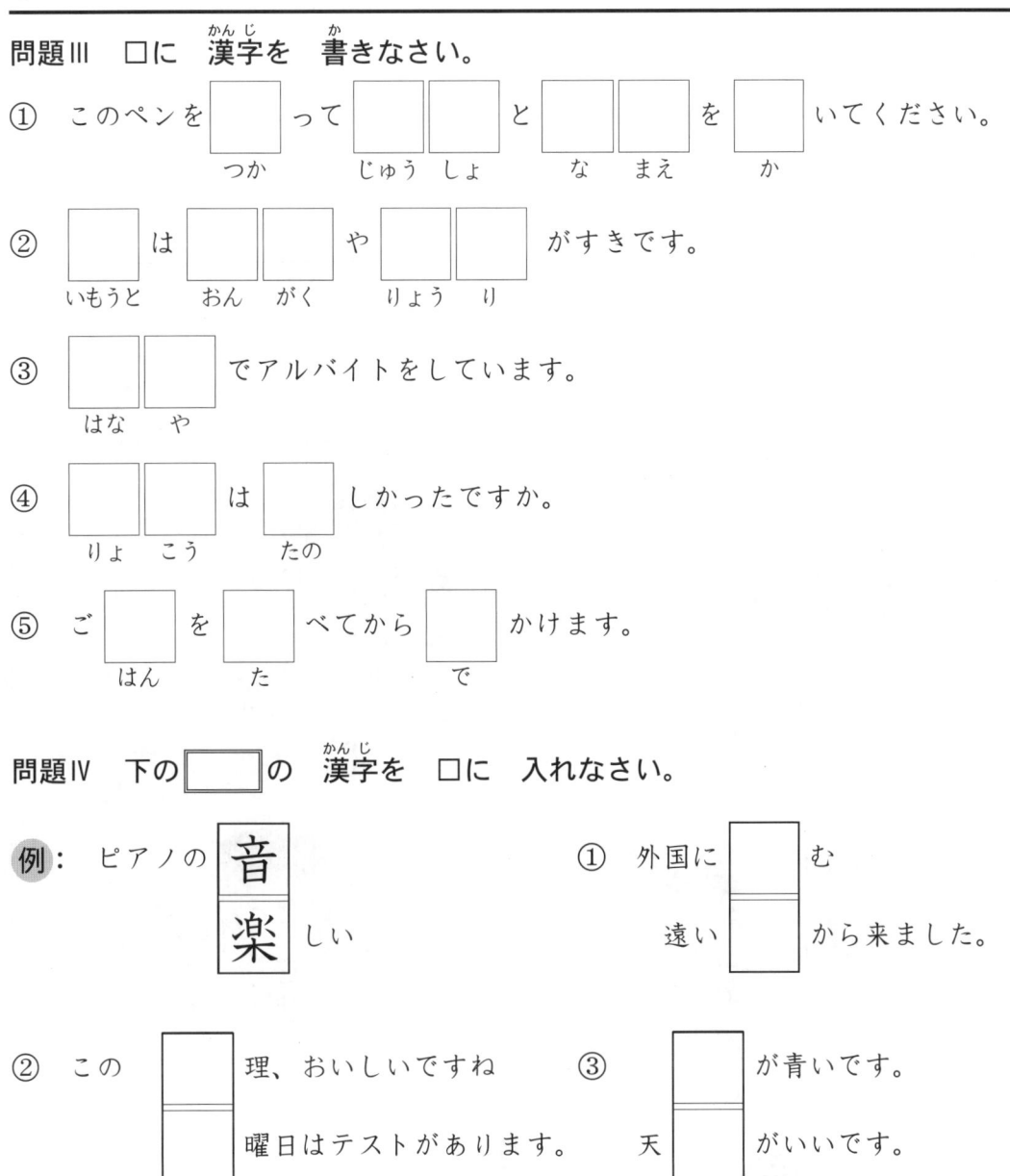

問題III　□に 漢字を 書きなさい。

① このペンを [使]って [住][所] と [名][前] を [書]いてください。
　　　　　　　つか　　じゅう　しょ　　な　まえ　　か

② [妹] は [音][楽] や [料][理] がすきです。
　いもうと　　おん　がく　　りょう　り

③ [花][屋] でアルバイトをしています。
　はな　や

④ [旅][行] は [楽] しかったですか。
　りょ　こう　　たの

⑤ ご[飯] を [食] べてから [出] かけます。
　　　はん　　　た　　　　で

問題IV　下の ☐の 漢字を □に 入れなさい。

例： ピアノの [音]
　　　　　　　[楽]しい

① 外国に [住]む
　　遠い [所]から来ました。

② この [料]理、おいしいですね
　　　　[金]曜日はテストがあります。

③ [空]が青いです。
　　天[気]がいいです。

┌─────────────────────────────┐
│　料　音　住　気　空　所　金　楽　│
└─────────────────────────────┘

§9 読む漢字

病院(びょういん)(その2) ◆ Hospital (Part 2)

内科(ないか) internal department

小児科(しょうにか) pediatrics

外科(げか) surgery

皮膚科(ひふか) dermatology

眼科(がんか) ophthalmology

耳鼻科(じびか) otolaryngology

歯科(しか) dentistry

産婦人科(さんふじんか) obstetrics and gynecology

Chapter 10

§10-1 練習

149 売 う(ります) / バイ

一 十 士 广 产 声 売

- 売ります — to sell
- 売り出し — sale
- 売り場 — department
- 売店 — stand, kiosk

150 買 か(います) / バイ

丨 冂 冂 罒 罒 罒 胃 胃 胃 買 買 買

- 買います — to buy
- 買い物 — shopping

151 作 つく(ります) / サク / サ

ノ イ 亻 亇 作 作 作

- 作ります — to make
- 作文 — essay, composition
- 作品 — a work, a piece

§10−2

152 貸
か(します) / タイ
ノ イ 亻 代 代 代 代 袋 貸 貸 貸 貸

貸します to lend

153 借
か(ります) / シャク 〈シャッ〉
ノ イ 亻 什 什 供 借 借 借 借

借ります to borrow
借金 debt

154 返
かえ(ります) / かえ(します) / ヘン
一 厂 厅 反 反 返 返

返します to return, give back
返事 reply

§10-3

155 待

ま(ちます) / タイ

Strokes: ノ ノ イ 彳 仁 什 住 待 待

- 待ちます — to wait
- 待合室 — waiting room
- 招待 — invitation

156 持

も(ちます) / ジ

Strokes: 一 十 扌 扩 扩 护 拌 持 持

- 持ちます — to have
- 持ち物 — one's belonging

157 急

いそ(ぎます) / キュウ

Strokes: ノ ク ク 刍 刍 刍 急 急 急

- 急ぎます — to hurry
- 急行 — express
- 特急 — limited express
- 急に — suddenly

§10-4

158 乗
の (ります)
ジョウ

Stroke order: 一 二 三 干 乗 垂 乗 乗 乗

- 乗ります — to get on
- 乗り降り — getting on and off
- 乗り場 — platform, bus stop
- 乗客 (じょうきゃく) — passenger

159 降
ふ (ります)
お (ります)
コウ

Stroke order: ⁊ ⻖ ⻖ ⻖′ ⻖ 降 降 降 降 降

- 降ります — to fall
- 降ります — to get off

160 開
ひら (きます)
あ (きます)
あ (けます)
カイ

Stroke order: 丨 冂 冂 冃 門 門 門 門 門 開 開

- 開きます — to open
- 開きます／開けます — to open
- 開店 (かいてん) — open the store

§10－5

161 閉

し（まります）
と（じます）
ヘイ

1	2	3	4	5	6	7	8	9	10	11
丨	冂	冂	門	門	門	門	門	閉	閉	

閉まります　to close
閉じます　to close
閉店　close the store

162 晴

はれ（ます）
は（れ）
セイ

1	2	3	4	5	6	7	8	9	10	11	12
丨	冂	冃	日	日＝	日十	日キ	晴	晴	晴	晴	晴

晴れます　to clear
晴れ　fine weather
晴天　fine weather

163 雨

あめ〈あま〉
ウ

1	2	3	4	5	6	7	8
一	厂	冂	币	雨	雨	雨	雨

雨　rain
雨雲　rain clouds
雨天　rainy weather

§10 問題

問題Ⅰ ひらがなで 書(か)きなさい。

① 買います ② 売ります ③ 作ります ④ 貸します
  (   )   (   )   (   )   (   )

⑤ 借ります ⑥ 返します ⑦ 待ちます ⑧ 持ちます
  (   )   (   )   (   )   (   )

⑨ 急ぎます ⑩ 乗ります ⑪ 降ります
  (   )   (   )   (   )

⑫ 開けます ⑬ 閉めます ⑭ 晴れます ⑮ 雨
  (   )   (   )   (   )   (   )

問題Ⅱ ひらがなで 書(か)きなさい。

① 駅の　売店で　飲み物を　買いました。
  (   )(   )(   )(   )

② 先週　借りた　本は、あした返します。
  (   )(   )(   )　　　(   )

③ 雨が　降っています。窓を　閉めましょう。
  ( )(   )　　( )(   )

④ あの急行電車に　乗りますから、急いでください。
   (   )　　(   )　(   )

⑤ すみません、このかばんを持って、ロビーで待っていてください。
                (   )　　　(   )

⑥ 朝は晴れていましたが、急に　空が　暗くなりました。
    (   )　　　( )　( )(   )

⑦ 店の　前で　車を　降りました。
  ( )( )( )(   )

98

§10

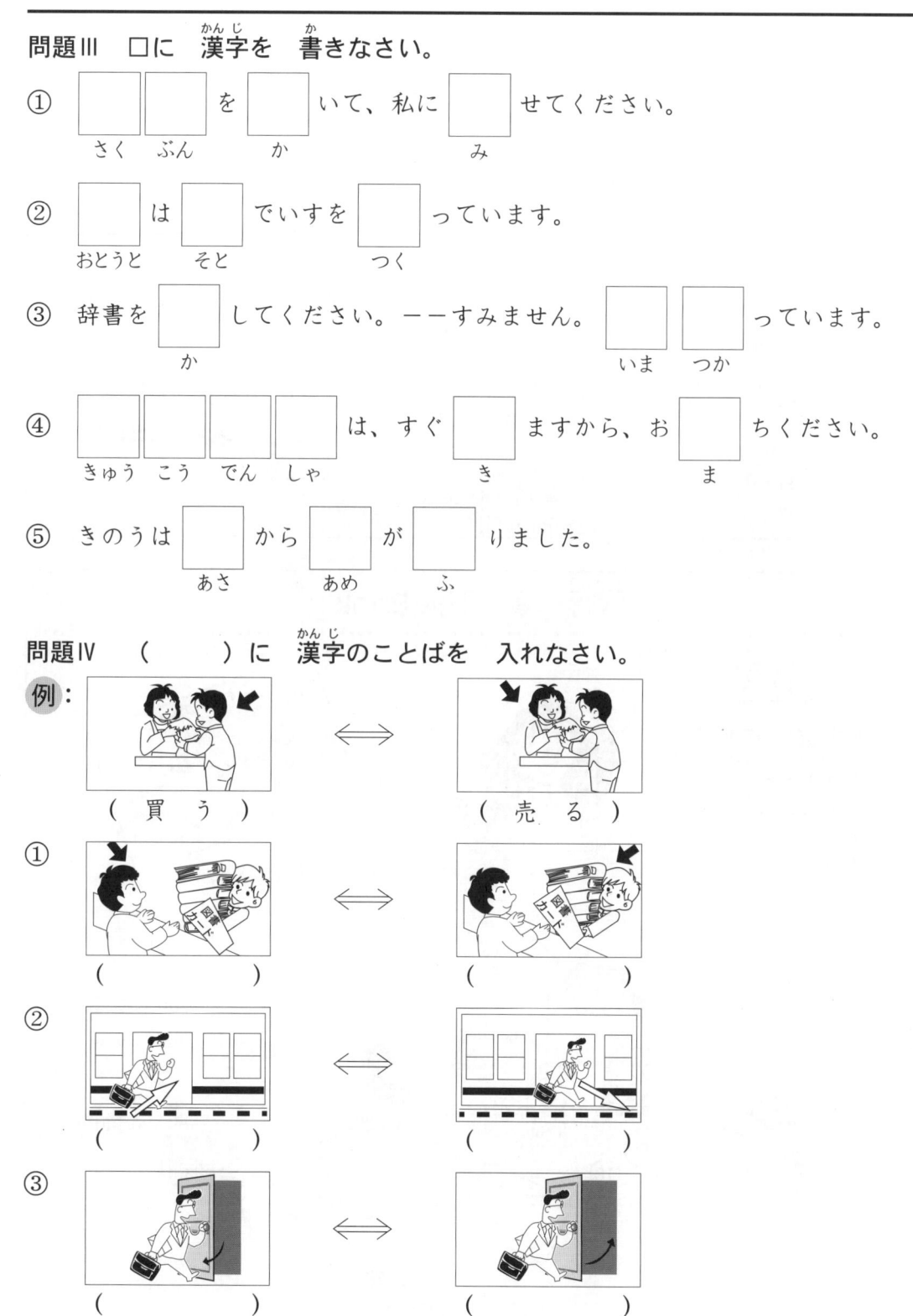

問題III　□に　漢字を　書きなさい。

① [作][文]を[書]いて、私に[見]せてください。
　　さく　ぶん　　　か　　　　　　　み

② [弟]は[外]でいすを[作]っています。
　おとうと　そと　　　つく

③ 辞書を[貸]してください。――すみません。[今][使]っています。
　　　　　か　　　　　　　　　　　　　　　いま　つか

④ [急][行][電][車]は、すぐ[来]ますから、お[待]ちください。
　きゅう　こう　でん　しゃ　　　　き　　　　　　ま

⑤ きのうは[朝]から[雨]が[降]りました。
　　　　　あさ　　　あめ　　ふ

問題IV　（　）に　漢字のことばを　入れなさい。

例：（買う）⇔（売る）

① （　）⇔（　）

② （　）⇔（　）

③ （　）⇔（　）

§10 読む漢字

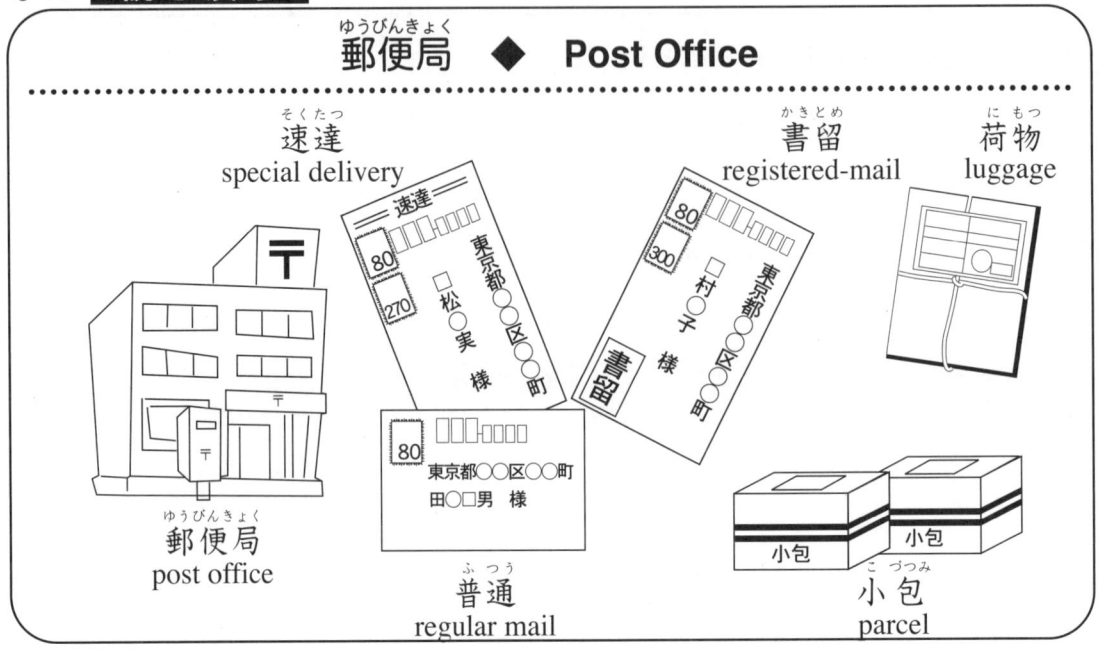

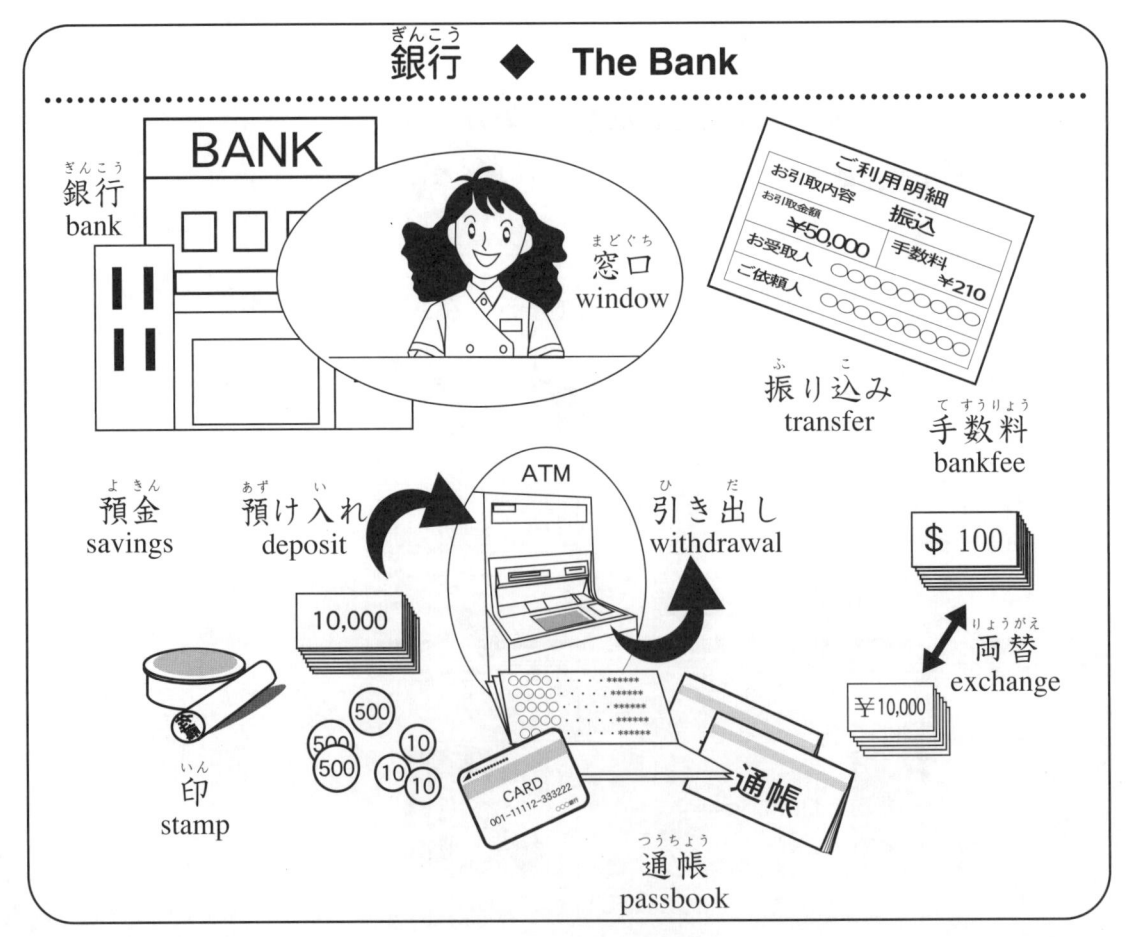

郵便局 ◆ Post Office

- 速達 (そくたつ) special delivery
- 書留 (かきとめ) registered-mail
- 荷物 (にもつ) luggage
- 郵便局 (ゆうびんきょく) post office
- 普通 (ふつう) regular mail
- 小包 (こづつみ) parcel

銀行 ◆ The Bank

- 銀行 (ぎんこう) bank
- 窓口 (まどぐち) window
- 振り込み (ふりこみ) transfer
- 手数料 (てすうりょう) bankfee
- 預金 (よきん) savings
- 預け入れ (あずけいれ) deposit
- 引き出し (ひきだし) withdrawal
- 両替 (りょうがえ) exchange
- 印 (いん) stamp
- 通帳 (つうちょう) passbook

Chapter 11

§11−1 練習

164 寝
ね（る）
シン

1	2	3	4	5	6	7	8	9	10	11	12	13
丶	宀	宀	宀	宀	宀	宀	宀	宀	宀	宀	寝	寝

寝る　to sleep

165 起
お（きる）
キ

1	2	3	4	5	6	7	8	9	10
一	十	土	丰	丰	赱	走	起	起	起

起きる　to get up

166 立
た（つ）
リツ

1	2	3	4	5
丶	亠	六	立	立

立つ　to stand

§11-2

167 写

うつ(す) / シャ

1	2	3	4	5
'	⌐	冖	写	写

写す to copy
写真 photo

168 真

シン

1	2	3	4	5	6	7	8	9	10
一	十	广	市	古	肯	盲	直	真	真

真ん中 center
写真 photo

169 枚

マイ

1	2	3	4	5	6	7	8
一	十	扌	木	朾	杧	枚	枚

～枚 \<counter for flat objects\>

§11−3

170 台
ダイ / タイ

Stroke order: ㇁ ㇏ 厶 台 台

- ～台 <counter for cars etc.>
- 台所 (だいどころ) kitchen
- 台風 (たいふう) typhoon

171 自
ジ

Stroke order: ㇔ 丨 自 自 自 自

- 自動車 (じどうしゃ) car
- 自転車 (じてんしゃ) bicycle
- 自分 (じぶん) oneself

172 動
うご(く) / ドウ

Stroke order: 一 二 千 千 臼 旨 車 車 重 動 動

- 動く (うごく) to move
- 運動 (うんどう) exercise, sport

§11—4

173 地
チ / ジ

Strokes: 一 十 土 圵 地 地

- 地下鉄 (ちかてつ) subway
- 土地 (とち) land
- 地図 (ちず) map
- 地震 (じしん) earthquake

174 鉄
テツ

Strokes: ノ 𠂉 ⺧ 乍 牟 𠂒 金 釒 鈩 鉆 鈇 鉄 鉄

- 鉄 (てつ) iron
- 地下鉄 (ちかてつ) subway
- 鉄道 (てつどう) railway

175 運
はこ(ぶ) / ウン

Strokes: 丶 冖 冖 冖 冃 冒 宣 軍 軍 運 運

- 運ぶ (はこぶ) to carry
- 運転 (うんてん) driving
- 運動 (うんどう) exercise

§11−5

176 転 テン

筆順: 一 ー 下 亘 亘 亘 車 車 軒 転 転

- 運転 (うんてん) driving
- 自転車 (じてんしゃ) bicycle

177 線 セン

筆順: く 幺 幺 幺 糸 糸 糸 紀 紀 紀 紀 紀 綿 線 線

- 線 (せん) line
- 〜線（山の手線） ~ line (Yamanote Line)
- 新幹線 (しんかんせん) bullet train

178 船 ふね / セン

筆順: ノ 丿 刀 月 甪 舟 舟 舩 船 船 船

- 船 (ふね) ship

§11 問題

問題 I　ひらがなで　書きなさい。

① 寝る　② 立つ　③ 動く　④ 起きる
（　　　）（　　　）（　　　）（　　　）

⑤ 自動車　⑥ 船　⑦ 地下鉄　⑧ 運動
（　　　）（　　　）（　　　）（　　　）

⑨ 運転　⑩ 写真　⑪ 線　⑫ １枚
（　　　）（　　　）（　　　）（　　　）

⑬ １台
（　　　）

問題 II　ひらがなで　書きなさい。

① 雨の日は　自転車に　乗りません。
（　　　）（　　　）（　　　）

② 地下鉄の　新しい　線に　乗りました。
（　　　）（　　　）（　　　）（　　　）

③ 毎朝、　起きてから　運動をしています。
（　　　）（　　　）（　　　）

④ 私は　自動車の　運転ができません。
　　　（　　　）（　　　）

⑤ 横浜で　外国の　船の　写真をとりました。
（よこはま）（　　　）（　　　）（　　　）

⑥ 田中さんは　車を　２台　持っています。
（　　　）（　　　）（　　　）（　　　）

⑦ ５０円の　切手を　１０枚ください。
　　　　　（　　　）（　　　）

⑧ 日曜日は　昼ごろまで寝ます。
（　　　）（　　　）（　　　）

§11

問題III　□に　漢字を　書きなさい。

① 11時に □ ます。

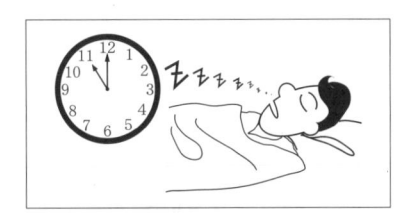

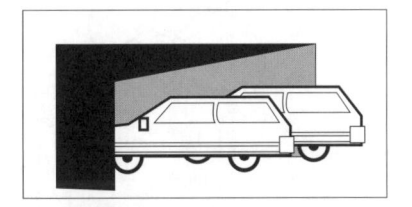

② □□□ が 2 □ あります。

③ これは、私の父と母の □□ です。

④ もう7時ですよ。□ きてください。

⑤ A「何か □□ をしていますか。」B「ええ、テニスをしています。」

⑥ □ に乗って、いろいろな国へ行きたいです。

§11 読む漢字

店 ◆ Store

- 八百屋（やおや）— greengrocer
- 酒屋（さかや）— liquorshop
- 寿司屋（すしや）— sushishop
- 薬屋、薬局（くすりや、やっきょく）— pharmacy
- 果物屋（くだものや）— fruitshop
- 花屋（はなや）— florist
- 文房具屋、文房具店（ぶんぼうぐや、ぶんぼうぐてん）— stationaryshop
- 肉屋（にくや）— butcher
- 魚屋（さかなや）— fishmonger

カレンダー ◆ Calendar

8月	13	14	15	16	17
	おととい	昨日（きのう）	今日（きょう）	明日（あした）	あさって
	day before yesterday	yesterday	today	tomorrow	day after tomorrow

Chapter 12

§12-1 練習

179 授 ジュ

じゅぎょう
授業　　lesson

180 業 ギョウ

じゅぎょう
授業　　lesson
こうぎょう
工業　　industry

181 試 シ

しけん
試験　　examination
しあい
試合　　match, game

§12-2

182 験 ケン

試験 examination
受験 taking exam

筆順: 1 Ｉ 2 厂 3 〒 4 匚 5 匸 6 馬 7 馬 8 馬 9 馬 10 馬 11 駉 12 駒 13 駒 14 駒 15 駒 16 駒 17 験 18 験

183 受 う(ける) / ジュ

受ける to take
受付 reception
受験 taking exam

筆順: 1 一 2 く 3 ぐ 4 ゆ 5 严 6 严 7 受 8 受

184 全 ゼン

全部 all
安全(な) safe, safety

筆順: 1 ノ 2 人 3 个 4 仐 5 仝 6 全

§ 12－3

185 部　ブ

1	2	3	4	5	6	7	8	9	10	11
丶	亠	宀	立	立	咅	音	咅	咅⁷	咅β	部

ぜんぶ 全部　all
へや ＊部屋　room

186 辞　ジ

1	2	3	4	5	6	7	8	9	10	11	12	13
丿	二	千	千	舌	舌	舌	舌'	舌亠	辞	辞	辞	辞

じしょ 辞書　dictionary
じてん 辞典　dictionary

187 科　カ

1	2	3	4	5	6	7	8	9
丿	二	千	禾	禾	禾	禾	科	科

きょうかしょ 教科書　textbook
かがく 科学　science

§ 12－4

188 考
かんが(える) / コウ

1	2	3	4	5	6
一	十	土	耂	考	考

考える　to think

189 教
おし(える) / キョウ

1	2	3	4	5	6	7	8	9	10	11
一	十	土	耂	考	考	孝	孝	孝	教	教

教える　to teach
教室　class room
教科書　textbook

190 室
シツ

1	2	3	4	5	6	7	8	9
丶	冖	宀	宀	宀	宀	宀	室	室

教室　classroom
待合室　waiting room

§ 12-5

191 予 ヨ
フ マ ヱ 予
- よやく 予約 reservation
- よてい 予定 plan

192 約 ヤク
く ㄠ 幺 糸 糸 糸 糸 約 約
- よやく 予約 reservation
- やくそく 約束 promise

193 決 き(める)／ケツ〈ケッ〉
、 ⺀ 氵 汃 江 決 決
- きまる 決まる to be decided
- きめる 決める to decide
- けっして 決して never

§12 問題

問題I　ひらがなで　書きなさい。

① 辞書　　② 試験　　③ 授業　　④ 予約
（　　　）（　　　）（　　　　）（　　　）

⑤ 部屋　　⑥ 科学　　⑦ 受験　　⑧ 全部
（　　　）（　　　）（　　　　）（　　　）

⑨ 教科書　⑩ 約束　　⑪ 安全　　⑫ 予定
（　　　）（　　　）（　　　　）（　　　）

⑬ 教室　　⑭ 受ける　⑮ 決める　⑯ 教える
（　　　）（　　　）（　　　　）（　　　）

⑰ 考える　⑱ 受付　　⑲ 試合　　⑳ 工業
（　　　）（　　　）（　　　　）（　　　）

問題II　ひらがなで　書きなさい。

①<u>約束</u>の　<u>時間</u>は　<u>午後</u>2時です。
（　　　）（　　　）（　　　）

②<u>来年</u>　<u>大学</u>の　<u>試験</u>を　<u>受けます</u>。
（　　　）（　　　）（　　　）（　　　）

③<u>教科書</u>と　<u>辞書</u>をかばんに<u>入れました</u>。
（　　　）（　　　）（　　　）

④<u>弟</u>は　<u>受験勉強</u>をしています。
（　　　）（　　　　）

⑤よく<u>考えて</u>から　<u>決めて</u>ください。
　　　（　　　）（　　　）

⑥ゆうベウィスキーを<u>1本</u>　<u>全部</u>　<u>飲みました</u>。
　　　　　　　　　（　　　）（　　　）（　　　）

⑦<u>旅行</u>に行くまえに、ホテルの<u>予約</u>をします。
（　　　）　　　　　　　（　　　）

⑧<u>中国語</u>を　<u>教えて</u>ください。
（　　　）（　　　）

§12

問題Ⅲ □に 漢字を 書きなさい。

① 私の □□ は、厚くて重いです。

② □□ 食べました。もうおなかが いっぱいです。

③ 話すことをよく □ えてからスピーチをします。

④ □ 室に 先生と □ 生がいます。

⑤ 友だちと映画を見に行く □束 をしました。

⑥ 旅行に行く日を □ めて、ホテルを □□ しました。

⑦ 明日 □□ がありますから、今日はうちで勉強します。

115

§ 12 読む漢字

デパートの売場(うりば) ◆ Department Store

- 売(う)り場(ば) — counter
- 書籍(しょせき) — books
- 文房具(ぶんぼうぐ) — stationery
- ~用品(ようひん)（スポーツ用品(ようひん)） — ~ goods (sporting goods)
- 家庭用品(かていようひん) — household utensils
- 家具(かぐ) — furniture
- 寝具(しんぐ) — bedding
- 紳士(しんし)~ — for men
- 紳士服(しんしふく) — menswear
- 婦人(ふじん)~ — for women
- 婦人服(ふじんふく) — ladieswear
- 食料品(しょくりょうひん) — foods

小麦粉 / 酢 / 油

Chapter 13

§13−1 練習

194 始

はじ(まる) / はじ(める) / シ

1	2	3	4	5	6	7	8
く	夂	女	女／	女ム	妁	始	始

始まる / 始める　to start, to begin

195 終

お(わる) / シュウ

1	2	3	4	5	6	7	8	9	10	11
く	幺	幺	糸	糸	糸	糸	紁	終	終	終

終わる　to end, finish
終わり　end

196 意

イ

1	2	3	4	5	6	7	8	9	10	11	12	13
丶	亠	立	立	产	音	音	音	音	音	意	意	意

意味　meaning
意見　opinion
注意　warning
用意　preparation

§13－2

197 味 (あじ / ミ)

1	2	3	4	5	6	7	8
ノ	口	口	口⁻	口二	吽	味	味

味 (あじ)	taste
意味 (いみ)	meaning
趣味 (しゅみ)	hobby

198 漢 (カン)

1	2	3	4	5	6	7	8	9	10	11	12	13
丶	丶丶	氵	汁	汁	沽	沽	莒	漠	漠	漠	漢	漢

漢字 (かんじ)	kanji

199 字 (ジ)

1	2	3	4	5	6
丶	丷	宀	宁	字	字

字 (じ)	character
漢字 (かんじ)	kanji
ローマ字 (ローマじ)	Roman letters
文字 (もじ)	letter, character

§13－3

200 練 レン

practice: 練習 (れんしゅう)

Stroke order (14 strokes): 〻 ㄠ 幺 乡 糸 糸 紅 紅 紅 紀 綽 紳 練 練

201 習 なら(う)／シュウ

- 習う　to learn
- 練習　practice
- 習慣　habit, custom

Stroke order (11 strokes): フ ヲ ヨ 羽 羽 羽 羽 羽 習 習 習

202 欠 ケツ〈ケッ〉

- 欠席　absence

Stroke order (4 strokes): ノ ケ ケ 欠

§13−4

203 席　セキ

`丶 亠 广 戶 庐 庐 庐 席 席 席`

- 席（せき） seat
- 出席（しゅっせき） attendance
- 欠席（けっせき） absence

204 次　つぎ／ジ

`丶 冫 冫 次 次 次`

- 次（つぎ） next

205 文　ブン／モン

`丶 亠 ナ 文`

- 文（ぶん） sentence
- 文法（ぶんぽう） grammar
- 文学（ぶんがく） literature
- 文句（もんく） complaint

§13－5

206 図 ズ／ト

筆順: 丨 冂 冂 冈 図 図 図

- 図（ず） diagram
- 地図（ちず） map
- 図書館（としょかん） library

207 思 おも(う)／シ

筆順: 丨 冂 𠃊 𠃊 田 𠂤 思 思 思

- 思う（おもう） to think

208 調 しら(べる)／チョウ

筆順: 丶 亠 ㇒ 言 言 言 訁 訂 訂 訋 調 調 調 調 調

- 調べる（しらべる） to look up, check
- 調子（ちょうし） condition

§13 問題

問題 I　ひらがなで 書(か)きなさい。

① 意味（　　　）② 練習（　　　）③ 欠席（　　　）④ 出席（　　　）

⑤ 図書館（　　　）⑥ 味（　　　）⑦ 文（　　　）⑧ 文字（　　　）

⑨ 注意（　　　）⑩ 調べる（　　　）⑪ 習う（　　　）⑫ 思う（　　　）

⑬ 始まる（　　　）⑭ 終わる（　　　）⑮ 次の日（　　　）⑯ 地図（　　　）

問題 II　ひらがなで 書(か)きなさい。

①次のバスまで３０分も　待たなければなりません。
（　）（　　　）（　　　　）

②妹はピアノを　習っています。
（　　　）（　　　）

③リンさんは字が　上手です。
　　　　　　（　）（　　　）

④会社は９時に　始まって、６時に終わります。
（　　　）（　　　　）　　　（　　　　）

⑤日本語には３つの文字があります。漢字、ひらがな、カタカナです。
　　　　　　　　　（　　　）　　（　　　）

⑥A「山下さんの住所をしっていますか。」B「ちょっと待ってください。
　　　　　　（　　　　）　　　　　　　　　（　　　）
　　調べてみます。」
　（　　　　）

⑦かぜをひきましたから、今日は欠席します。明日は　出席できると思います。
　　　　　　　　　　　　　（　　）（　　　）（　　　）

⑧このリンゴは味がいいです。
　　　　　　（　　）

⑨あぶないから、車によく　注意してください。
　　　　　　　（　　）（　　　）

⑩練習を　休まないでください。
（　　　）（　　　　）

122

§13

問題III □に 漢字を 書きなさい。

① ことばの □味 はわかりますが、読み方がわかりません。

② この本は、□□館 で借りました。

③ あ、そこは私の □ ですから、すわらないでください。

④ トムさんは、空手を 練□ しています。

⑤ 旅行のまえに 地□ を買いました。

⑥ 日本語には 文□ が三つあります。ひらがな、カタカナ、□□ です。

問題IV □に 漢字を 書きなさい。

例： 入る ⇔ 出る

① 教える ⇔ □う

② □席 ⇔ □席

③ 始まる ⇔ □わる

§13 読む漢字

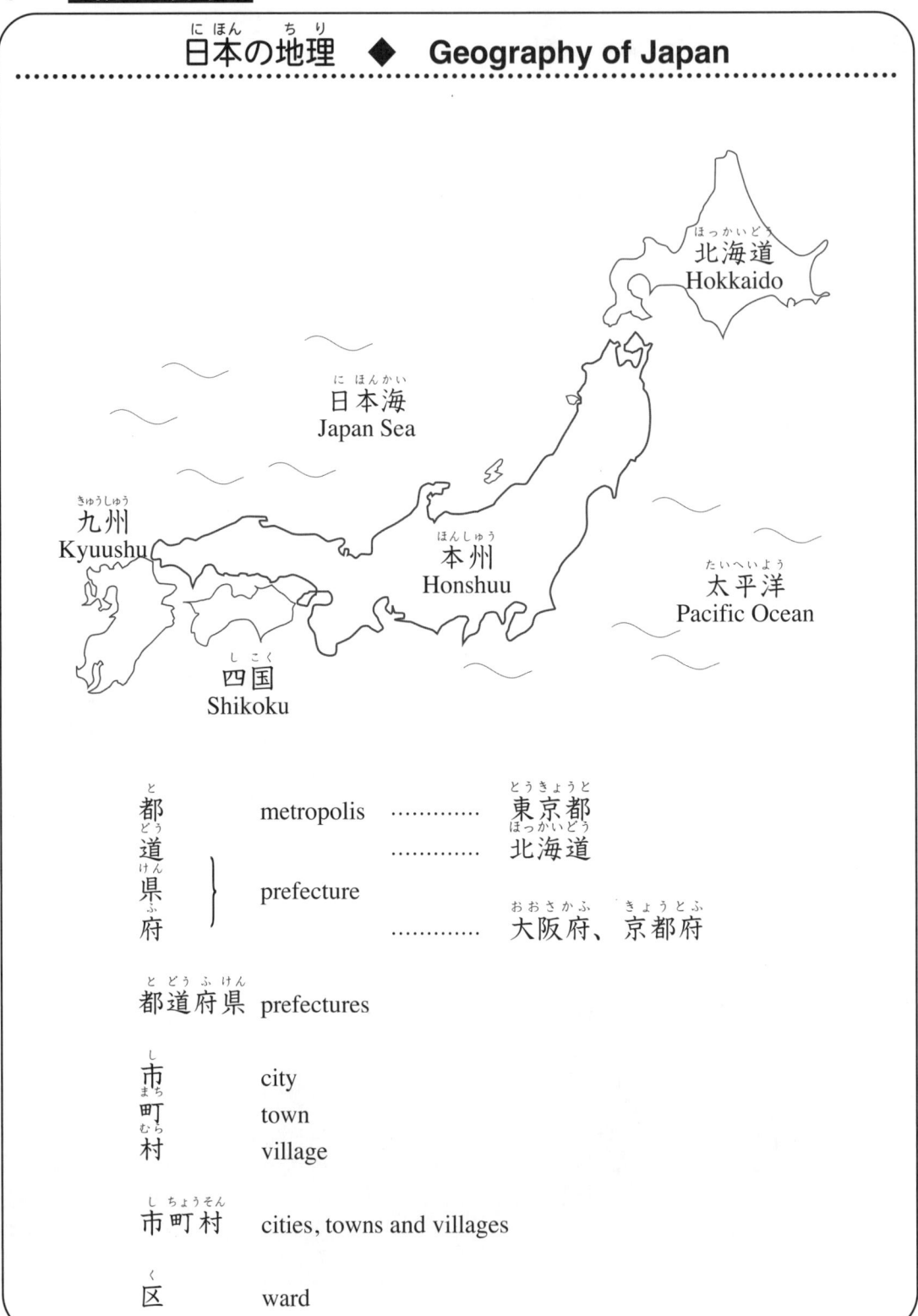

日本の地理(にほんのちり) ◆ Geography of Japan

北海道(ほっかいどう) Hokkaido
日本海(にほんかい) Japan Sea
九州(きゅうしゅう) Kyuushu
本州(ほんしゅう) Honshuu
太平洋(たいへいよう) Pacific Ocean
四国(しこく) Shikoku

都(と)	metropolis	東京都(とうきょうと)
道(どう)		北海道(ほっかいどう)
県(けん)	prefecture	
府(ふ)		大阪府(おおさかふ)、京都府(きょうとふ)

都道府県(とどうふけん) prefectures

市(し) city
町(まち) town
村(むら) village

市町村(しちょうそん) cities, towns and villages

区(く) ward

124

Chapter 14

§14-1 練習

209 案 アン

、 丶 宀 宁 安 安 安 安 案 案

案内 (あんない) guidance

210 内 うち／ナイ

丨 冂 内 内

案内 (あんない) guidance
家内 (かない) my wife

211 君 きみ／クン

フ ヨ ヨ 尹 尹 君 君

君 (きみ) you
〜君 (くん) Mr. / Miss

§14－2

212 春 はる／シュン

一 二 三 声 夫 耒 春 春 春

春	spring
春休み	spring vacation
春分の日	Vernal Equinox

213 夏 なつ／カ

一 丆 丆 百 百 百 百 頁 夏 夏

| 夏 | summer |
| 夏休み | summer holiday |

214 秋 あき／シュウ

ノ ニ 千 千 禾 禾 秒 秒 秋

| 秋 | autumn |
| 秋分の日 | Autumnal Equinox |

§14−3

215 冬

- ふゆ
- トウ

Stroke order: ノ ク 夂 冬 冬

| 冬 | winter |
| 冬休み | winter vacation |

216 熱

- あつ(い)
- ネツ 〈ネッ〉

Stroke order: 一 十 土 耂 耂 赱 幸 坴 坴 奉 埶 埶 埶 熱 熱

| 熱い | hot |
| 熱 | heat |

217 冷

- つめ(たい)
- ひ(える)
- ひ(やす)
- レイ

Stroke order: 丶 冫 冫 冫 冷 冷 冷

冷たい	cold
冷える	to get cold
冷やす	to cool
冷蔵庫	refrigerator

§14－4

218 暑 あつ(い) / ショ
1 丨 2 ⼝ 3 ⽇ 4 日 5 旦 6 早 7 早 8 昇 9 昇 10 暑 11 暑 12 暑

暑い　hot

219 寒 さむ(い) / カン
1 丶 2 ⼋ 3 宀 4 宀 5 宀 6 宁 7 宵 8 実 9 実 10 寒 11 寒 12 寒

寒い　cold

220 個 コ
1 ノ 2 亻 3 亻 4 individ 5 们 6 侗 7 侗 8 個 9 個 10 個

〜個　〜 piece(s)

§14－5

221 回 カイ

｜ 1 ｜ 2 ｜ 3 ｜ 4 ｜ 5 ｜ 6 ｜
｜---｜---｜---｜---｜---｜---｜
｜ 丨 ｜ 冂 ｜ 冂 ｜ 囗 ｜ 回 ｜ 回 ｜

～回（かい）　～ time(s)

222 度 ド

｜ 1 ｜ 2 ｜ 3 ｜ 4 ｜ 5 ｜ 6 ｜ 7 ｜ 8 ｜ 9 ｜
｜---｜---｜---｜---｜---｜---｜---｜---｜---｜
｜ 丶 ｜ 亠 ｜ 广 ｜ 广 ｜ 庐 ｜ 庐 ｜ 庐 ｜ 度 ｜ 度 ｜

～度（ど）　～ time(s), ~ degree
一度（いちど）　once
今度（こんど）　this time

223 末 すえ／マツ

｜ 1 ｜ 2 ｜ 3 ｜ 4 ｜ 5 ｜
｜---｜---｜---｜---｜---｜
｜ 一 ｜ 二 ｜ 丰 ｜ 末 ｜ 末 ｜

今月の末（こんげつのすえ）　the end of this month
週末（しゅうまつ）　weekend
月末（げつまつ）　the end of the month
年末（ねんまつ）　the end of the year

§14 問題

問題Ｉ　ひらがなで　書きなさい。

① 冬（　　　）② 夏（　　　）③ 秋（　　　）④ 春（　　　）
⑤ 夏休み（　　　）⑥ 案内（　　　）⑦ 家内（　　　）⑧ 君（　　　）
⑨ 田中君（　　　）⑩ 今度（　　　）⑪ 週末（　　　）⑫ 月末（　　　）
⑬ 年末（　　　）⑭ 熱い（　　　）⑮ 冷たい（　　　）⑯ 寒い（　　　）
⑰ 一回（　　　）⑱ 二度（　　　）⑲ 三個（　　　）

問題ＩＩ　ひらがなで　書きなさい。

①冬が　終わって、　春が　来ました。
（　）（　　　）（　）（　　　）

②週末に　家内とテニスをします。
（　　　）（　　　）

③ぼくはコーヒーにするよ。君は　何にする？
　　　　　　　　　　　　　（　　）（　　）

④一度ハワイへ行ってみたいです。
（　　　）

⑤私は一日に　二回しか　食事をしません。朝は　食べないんです。
　　　（　　　）（　　　）（　　　）　　（　　）（　　　）

⑥かぜをひいて熱があったので、頭を　冷やして　寝ていました。
　　　　　　（　　）　　　　（　）（　　　）（　　　）

⑦今度の日曜日に　妹が来るので、ディズニーランドへ案内します。
（　　　）（　　　）　　　　　　　　　　　　　（　　　）

⑧リンゴは一個200円ですが、六個で1000円になって、安いです。
　　　　（　　　）　　　　（　　　）　　　　　　（　　　）

⑨年末は、みんないそがしくなります。
（　　　）

⑩寒かったり、暑かったりして、へんな天気です。
（　　　）（　　　）　　　　　（　　　）

§ 14

問題III　□に 漢字を 書きなさい。

① さくらの花は □ にさきます。

② アイスクリームは、甘くて □ たいです。

③ A：「こちらは私の □□ です。」

　　B：「あ、奥さんですか。はじめまして。」

問題IV　□に 漢字を 書きなさい。

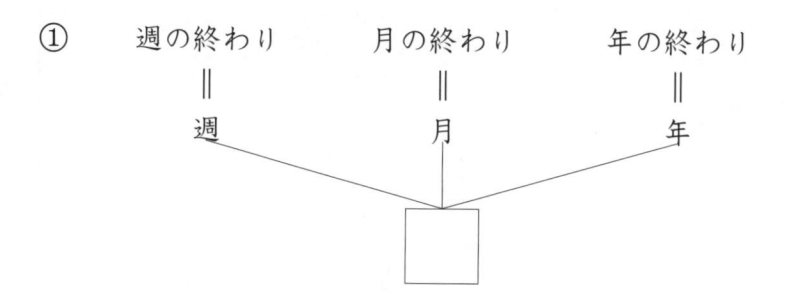

① 週の終わり　　月の終わり　　年の終わり
　　　‖　　　　　‖　　　　　‖
　　　週　　　　　月　　　　　年
　　　　　　　　　□

② 　　　　日本の季節 (seasons)

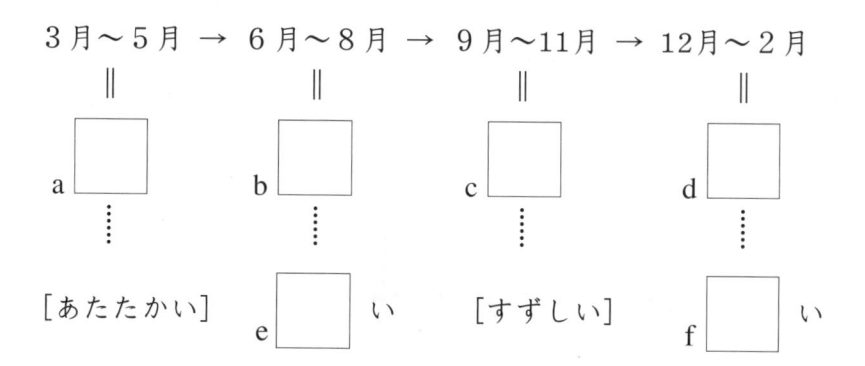

　3月〜5月 → 6月〜8月 → 9月〜11月 → 12月〜2月
　　　‖　　　　‖　　　　　‖　　　　　‖
　　□　　　　□　　　　　□　　　　　□
　　a　　　　b　　　　　c　　　　　d
　　⋮　　　　⋮　　　　　⋮　　　　　⋮
　[あたたかい]　□い　　[すずしい]　□い
　　　　　　　e　　　　　　　　　f

§14 読む漢字

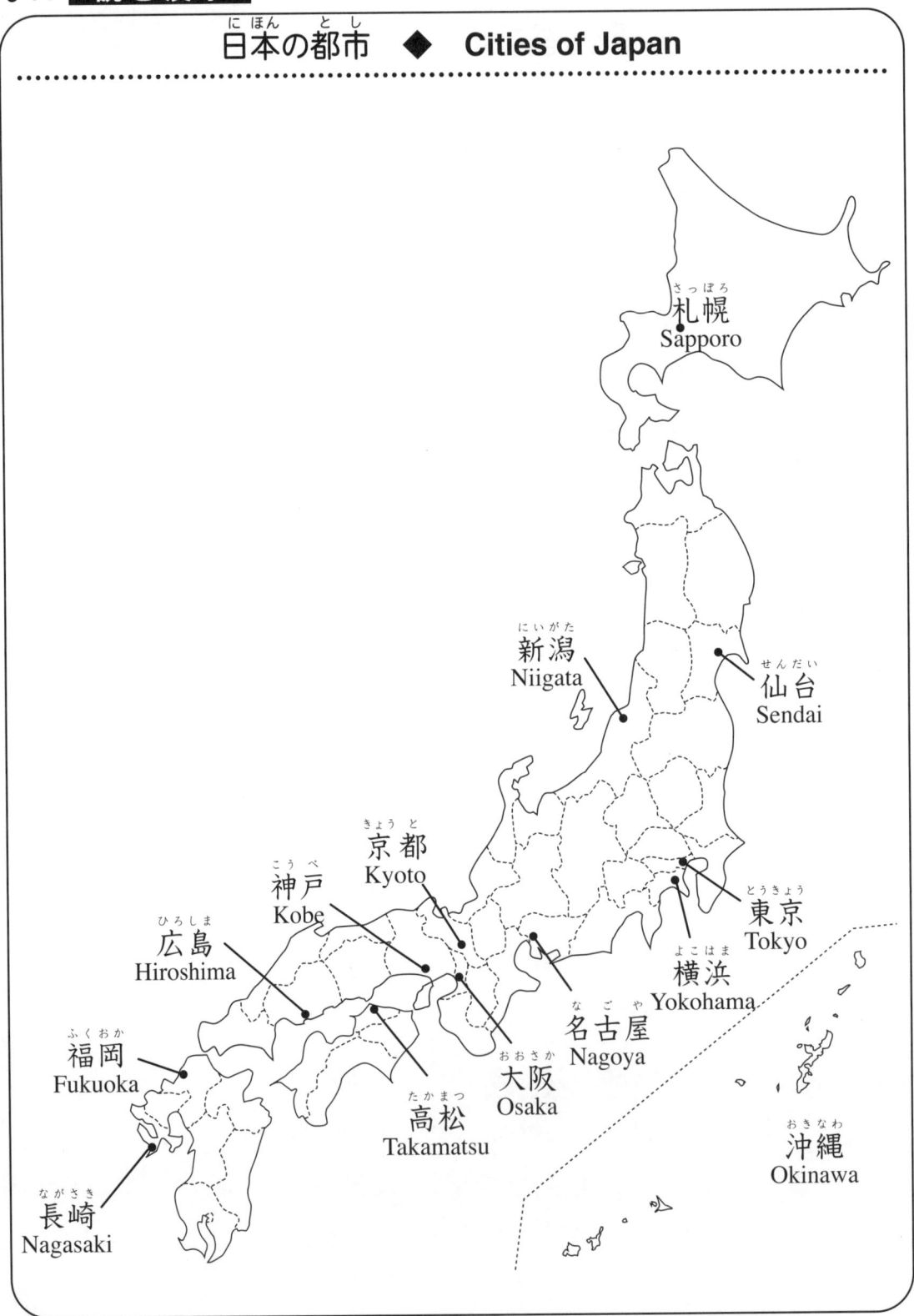

日本の都市(にほんのとし) ◆ Cities of Japan

- 札幌(さっぽろ) Sapporo
- 新潟(にいがた) Niigata
- 仙台(せんだい) Sendai
- 京都(きょうと) Kyoto
- 神戸(こうべ) Kobe
- 広島(ひろしま) Hiroshima
- 東京(とうきょう) Tokyo
- 横浜(よこはま) Yokohama
- 名古屋(なごや) Nagoya
- 福岡(ふくおか) Fukuoka
- 大阪(おおさか) Osaka
- 高松(たかまつ) Takamatsu
- 沖縄(おきなわ) Okinawa
- 長崎(ながさき) Nagasaki

Chapter 15

§15−1 練習

224 軽

かる(い) / ケイ

一 ㄒ 亓 百 亘 亘 車 車 軒 軽 軽 軽

軽い light

225 重

おも(い) / ジュウ

一 ㄧ 亠 ㅜ 亠 盲 重 重 重

重い heavy
体重 weight

226 若

わか(い)

一 十 艹 艹 芋 若 若

若い young

133

§15－2

227 変
- か(わる)
- か(える)
- ヘン

Stroke order: 丶 一 ナ 方 亦 亦 変 変 変

- 変わる／変える to change
- 変(な) strange

228 消
- け(す)
- き(える)
- ショウ

Stroke order: 丶 丶 氵 氵 氵 氵 汁 消 消 消

- 消す to erase
- 消える to disappear
- 消防 fire fighting

229 払
- はら(う)

Stroke order: 一 亅 扌 払 払

- 払う to pay

§ 15－3

230 汚

きたな（い）
よご（れる）
よご（す）
オ

Stroke order: 丶 氵 氵 汁 汗 汚 (1–6)

- 汚い — dirty
- 汚れる — to get dirty
- 汚す — to make dirty

231 吸

す（う）
キュウ

Stroke order: 丨 口 口 吖 吸 吸 (1–6)

- 吸う — to smoke, breathe

232 覚

おぼ（える）
カク

Stroke order: 丶 丷 丷 ⺍ 学 学 覚 覚 覚 覚 覚 覚 (1–12)

- 覚える — to memorise

§15-4

233 忘 わす(れる)

` 、 亠 亡 亡 忘 忘 忘 `

忘れる　to forget

234 押 お(す)

` 一 十 扌 扌 扣 押 押 押 `

押す　to push
押し入れ　closet

235 神 かみ / シン / ジン

` 、 ラ ネ ネ ネ 初 礼 神 神 `

神　god
神様　God
神社　shrine

§15-5

236 泳
およ(ぐ) / エイ

Strokes: 丶 冫 氵 氵 汀 汁 泳 泳

- 泳ぐ (およぐ) — to swim
- 水泳 (すいえい) — swimming

237 早
はや(い) / ソウ

Strokes: 丨 口 日 日 旦 早

- 早い (はやい) — early
- 早く (はやく) — early, soon
- 早朝 (そうちょう) — early morning

238 速
はや(い) / ソク

Strokes: 一 丆 亓 百 亩 束 束 涑 涑 速

- 速い (はやい) — quick
- 速く (はやく) — quickly
- 速達 (そくたつ) — special delivery

§15 問題

問題 I　ひらがなで 書(か)きなさい。

① 早い　② 軽い　③ 若い　④ 重い
（　　　）（　　　）（　　　）（　　　）

⑤ 速い　⑥ 汚い　⑦ 変な　⑧ 覚える
（　　　）（　　　）（　　　）（　　　）

⑨ 泳ぐ　⑩ 消える　⑪ 払う　⑫ 汚れる
（　　　）（　　　）（　　　）（　　　）

⑬ 忘れる　⑭ 押す　⑮ 変わる　⑯ 吸う
（　　　）（　　　）（　　　）（　　　）

⑰ 速達　⑱ 神　⑲ 神社　⑳ 水泳
（　　　）（　　　）（　　　）（　　　）

問題 II　ひらがなで 書(か)きなさい。

①この手紙は、急ぎますから速達で　出します。
　　（　　）（　　）（　　　）　　（　　）

②私は水泳ができますが、速く　泳ぐことができません。
　　（　　　）　　　　（　　）（　　）

③ことばを覚えても、すぐ忘れます。
　　　　　（　　　）　　（　　　）

④ボタンを押しましたが、きかいが動きません。変ですね。
　　　　（　　　）　　　　　（　　　）

⑤神社で　神様におねがいをしました。
（　　）（　　　）

⑥たばこを吸う　若い　女の人が　多くなりました。
　　　　（　　）（　　）（　　　）（　　）

⑦風が　強いので、火が　消えそうです。
（　）（　　）　（　）（　　　）

⑧これはいいかばんですが、ちょっと重いですね。もっと軽いのはありませんか。
　　　　　　　　　　　　　　　（　　）　　　　（　　）

⑨汚い　手でさわらないで。本が　汚れますから。
（　　）（　　）　　　　　（　）（　　　）

⑩朝　早く　起きられますか。
（　）（　　）（　　　　）

§15

問題III □に 漢字を 書きなさい。

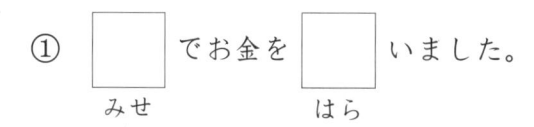

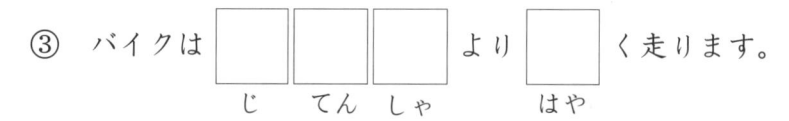

① □でお金を □いました。
　　みせ　　　　はら

② シャツが □れました。あらいましょう。
　　　　　　よご

③ バイクは □□□ より □く走ります。
　　　　　　じ てん しゃ　　はや

問題IV □に 漢字を 書きなさい。

例： 早い ⇔ おそい

① □い ⇔ □い

② □す ⇔ 引く

③ テレビを □す ⇔ テレビを つける

④ きれい ⇔ □い

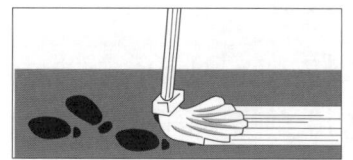

⑤ □える ⇔ 忘れる

§15 読む漢字

東京の町と交通 ◆ Towns and Transport of Tokyo
(とうきょう)(まち)(こうつう)

東武線
西武線
池袋
中央線　新宿　上野　浅草
総武線
京王線　原宿　東京
小田急線　渋谷　六本木　銀座
　　　　　　　　品川
東横線
京浜東北線

銀座（ぎんざ）	Ginza	山手線（やまのてせん）	Yamanote Line
新宿（しんじゅく）	Shinjuku	中央線（ちゅうおうせん）	Chuo Line
渋谷（しぶや）	Shibuya	京浜東北線（けいひんとうほくせん）	Keihin-Tohoku Line
池袋（いけぶくろ）	Ikebukuro	総武線（そうぶせん）	Sobu Line
原宿（はらじゅく）	Harajuku		
六本木（ろっぽんぎ）	Roppongi	西武線（せいぶせん）	Seibu Line
上野（うえの）	Ueno	東武線（とうぶせん）	Tobu Line
品川（しながわ）	Shinagawa	東横線（とうよこせん）	Toyoko Line
東京（とうきょう）	Tokyo	京王線（けいおうせん）	Keio Line
浅草（あさくさ）	Asakusa	小田急線（おだきゅうせん）	Odakyuu Line

Chapter 16

§16−1 練習

239 牛 うし / ギュウ

ノ 一 二 牛

- 牛 (うし) cattle
- 牛肉 (ぎゅうにく) beef
- 牛乳 (ぎゅうにゅう) milk

240 犬 いぬ / ケン

一 ナ 大 犬

- 犬 (いぬ) dog

241 鳥 とり / チョウ

′ 亻 冂 冃 白 鳥 鳥 鳥 鳥 鳥

- 鳥 (とり) bird
- 小鳥 (ことり) little bird
- 鳥肉 (とりにく) chicken

§ 16−2

242 肉 ニク

1	2	3	4	5	6
丨	冂	内	内	肉	肉

- 肉 (にく) meat
- 牛肉 (ぎゅうにく) beef
- 肉屋 (にくや) butcher

243 魚 さかな／うお／ギョ

1	2	3	4	5	6	7	8	9	10	11
ノ	ク	召	刍	缶	角	伯	角	魚	魚	魚

- 魚 (さかな) fish
- 魚屋 (さかなや) fishmonger

244 茶 チャ／サ

1	2	3	4	5	6	7	8	9
一	艹	艹	艹	艾	芯	苶	茶	茶

- お茶 (おちゃ) green tea
- 紅茶 (こうちゃ) tea
- 喫茶店 (きっさてん) coffee shop

§ 16－3

245 歌
うた
うた(う)
カ

Stroke order (1-14): 一 厂 丆 可 可 可 哥 哥 哥 哥 歌 歌 歌

- 歌 song
- 歌う to sing
- 歌手 singer
- 国歌 national anthem

246 絵
え
カイ

Stroke order (1-12): く 幺 幺 糸 糸 糸 紗 紗 給 絵 絵

- 絵 picture
- 絵はがき picture postcard
- 絵画 painting

247 映
うつ(る)
エイ

Stroke order (1-9): 丨 冂 日 日 日 旷 旷 映 映

- 映画 movie

§16−4

248 画 — カク / ガ

Stroke order: 一 フ 厂 帀 雨 面 画 画

- 計(けい)画(かく) — plan
- 映(えい)画(が) — movie
- 画(が)家(か) — artist

249 館 — カン

Stroke order: ノ 𠆢 乆 今 今 仺 倉 食 食' 食' 飠 飠 館 館 館 館

- 映(えい)画(が)館(かん) — theater
- 図(と)書(しょ)館(かん) — library
- 大(たい)使(し)館(かん) — embassy

250 客 — キャク

Stroke order: 丶 丷 宀 宀 ㄗ 宎 宓 客 客

- 客(きゃく) — guest
- お客(きゃく)様(さま) — customer, guest

§ 16－5

251 数

- かず
- かぞ(える)
- スウ〈ズウ〉

Strokes: 丶 丷 丬 半 米 米 米 娄 娄 娄 数 数 数

数 (かず)	number
数える (かぞえる)	to count
数学 (すうがく)	mathematics
人数 (にんずう)	number of people

252 多

- おお(い)
- タ

Strokes: ノ ク タ タ 多 多

多い (おおい)	many, much

253 少

- すく(ない)
- すこ(し)
- ショウ

Strokes: 亅 小 小 少

少ない (すくない)	few, little
少し (すこし)	a little, a few

§16 問題

問題I ひらがなで 書(か)きなさい。

① 犬 ② 牛 ③ 鳥 ④ 魚
(　　) (　　) (　　) (　　)
⑤ 肉 ⑥ 絵 ⑦ 歌 ⑧ お茶
(　　) (　　) (　　) (　　)
⑨ 映画 ⑩ 図書館 ⑪ お客さん ⑫ 数
(　　) (　　) (　　) (　　)
⑬ 多い ⑭ 少ない ⑮ 人数 ⑯ 歌手
(　　) (　　) (　　) (　　)
⑰ 牛肉 ⑱ 鳥肉 ⑲ 数学 ⑳ 計画
(　　) (　　) (　　) (　　)

問題II ひらがなで 書(か)きなさい。

① 肉と 魚と どちらがすきですか。
 (　　) (　　)

② 図書館で 犬の 写真の 本をかりました。
 (　　　) (　　) (　　　　) (　　)

③ この町には 映画館が 多い。
 (　　) (　　　) (　　)

④ 日曜日の 夜は 客が 少ない。
 (　　) (　　) (　　)

⑤ いっしょに歌を 歌いましょう。
 (　　) (　　　)

⑥ 妹は 歌手になりたいと 思っています。
(　　) (　　　) (　　　)

⑦ 木の 上に 鳥がいます。
(　　) (　　) (　　)

⑧ この絵は 色が きれいですね。
 (　　) (　　)

⑨ 牛肉を 少し 買いました。
 (　　　) (　　　) (　　　)

⑩ いすの数は いくつですか。客の 人数は 50人です。
   (　　) 　　　　　(　　) (　　) (　　　)

§16

問題III □に 漢字を 書きなさい。

a ☐　b ☐　c ☐　d ☐

e ☐ 手　f ☐ をかく

g ☐☐☐

h お☐さん

i ☐ い　j ☐ ない

§16 読む漢字

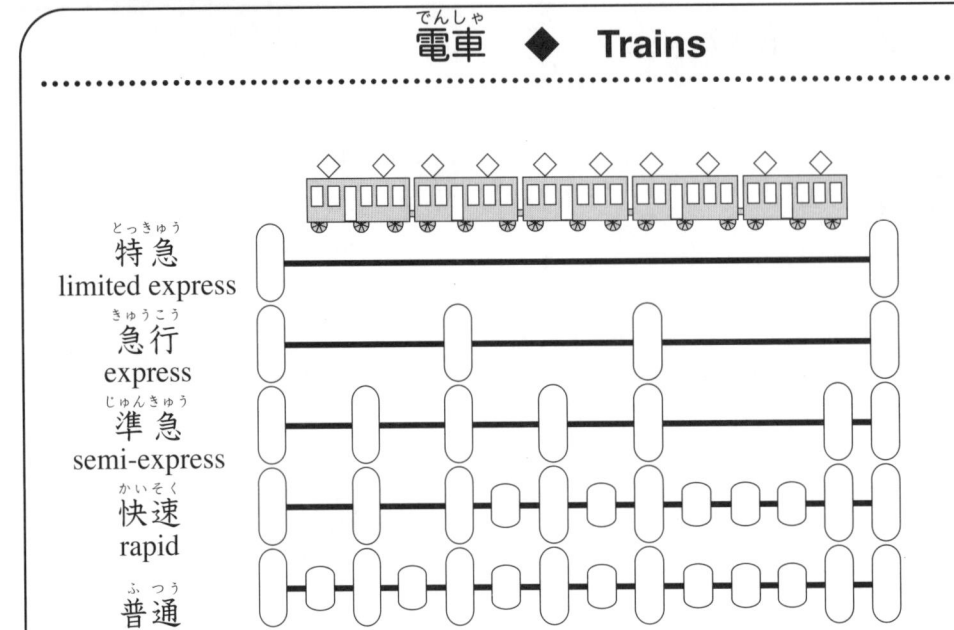

電車(でんしゃ) ◆ Trains

特急(とっきゅう) limited express
急行(きゅうこう) express
準急(じゅんきゅう) semi-express
快速(かいそく) rapid
普通(ふつう) local

時刻表(じこくひょう)
schedule, time table

東京駅

上り							時	下り							
					55	45	4	30	45						
	55	45	35	25	15	05	5	05	15	20					
	55	45	35	25	15	05	6	10	21	34	48				
	55	45	35	25	15	05	7	02	08	15	20	28	33	44	55
57	50	48	42	38	30	25	18	8	04	16	24	30	38	46	52
55	40	35	30	25	20	15	05	9	00	10	20	30	40	50	55
	55	45	35	30	28	20	8	10	06	15	22	33	40	54	58
		55	50	40	30	20	10	11	07	16	21	34	42	53	
	55	45	35	21	15	12	10	12	02	12	19	24	32	40	42
		55	45	35	25		10	13	00	10	15	20	26	30	40	50
	55	42	32	25	14	09	03	14	03	12	20	26	32	45	50

発車(はっしゃ) departure
到着(とうちゃく) arrival
乗(の)り越(こ)し extra distance
乗(の)り換(か)え change

Chapter 17

§17-1 練習

254 体
からだ / タイ

ノ イ イ- 什 休 休 体

- からだ 体 — body
- たいりょく 体力 — physical strength
- たいそう 体操 — gymnastics
- たいじゅう 体重 — weight

255 顔
かお〈がお〉/ ガン

亠 亠 立 产 产 产 彦 彦 彦 彦 顔 顔 顔 顔 顔 顔

- かお 顔 — face
- かおいろ 顔色 — look, complexion

256 耳
みみ / ジ

一 丁 下 F 耳 耳

- みみ 耳 — ear
- じびか 耳鼻科 — otolaryngology

§17－2

257 指 (ゆび / シ)

一 十 扌 扌 扩 指 指 指 指

- 指 (ゆび) finger
- 指輪 (ゆびわ) ring
- 親指 (おやゆび) thumb
- 指定席 (していせき) reserved seat

258 力 (ちから / リョク)

フ 力

- 力 (ちから) strength
- 体力 (たいりょく) physical strength

259 心 (こころ / シン)

丶 心 心 心

- 心 (こころ) heart
- 安心 (あんしん) peace of mind
- 心配(な) (しんぱい) worry

§17－3

260 医 イ

一 ア ァ ㅌ 乒 矢 医

医者	doctor
医院	medical clinic
医学	medicine

261 者 もの／シャ

一 十 土 耂 耂 者 者 者

若者	young person
医者	doctor
学者	scholar

262 具 グ

丨 冂 冃 月 目 旦 具 具

具合	condition
道具	tool
家具	furniture

151

§17−4

263 治

なお(る) / なお(す) / チ / ジ

Strokes: 、 氵 氵 沪 泸 治 治 治

- 治る — to get well
- 治す — to cure
- 政治 (せいじ) — government

264 直

なお(る) / なお(す) / チョク

Strokes: 一 十 广 亻 亻 亻 直 直

- 直る — to be repaired
- 直す — to repair
- 直線 (ちょくせん) — straight line

265 悪

わる(い) / アク

Strokes: 一 亻 亻 亻 亻 亻 悪 悪 悪 悪 悪

- 悪い — bad
- 悪人 (あくにん) — bad person

§ 17－5

266 服 フク

1	2	3	4	5	6	7	8
ノ	几	月	月	肌	肌	服	服

服 (ふく) clothes
洋服 (ようふく) clothes

267 着 き(る)／つ(く)／チャク

1	2	3	4	5	6	7	8	9	10	11	12
丶	⺍	丷	⺈	羊	羊	羊	着	着	着	着	着

着る (きる) to wear
着く (つく) to arrive
着物 (きもの) kimono
到着 (とうちゃく) arrival

268 酒 さけ〈さか〉／シュ

1	2	3	4	5	6	7	8	9	10
丶	㇀	氵	汀	沂	沂	洒	洒	酒	酒

酒 (さけ) alcohol
日本酒 (にほんしゅ) sake
酒屋 (さかや) liquor shop
居酒屋 (いざかや) bar, pub

§17 問題

問題I　ひらがなで　書きなさい。

① 体　　② 顔　　③ 耳　　④ 指
（　　）（　　）（　　）（　　）

⑤ 力　　⑥ 心　　⑦ 医者　⑧ 具合
（　　）（　　）（　　）（　　）

⑨ 治る　⑩ 直す　⑪ 悪い　⑫ 服
（　　）（　　）（　　）（　　）

⑬ 着る　⑭ 着く　⑮ 酒　　⑯ 日本酒
（　　）（　　）（　　）（　　）

⑰ 酒屋　⑱ 安心　⑲ 心配　⑳ 若者
（　　）（　　）（　　）（　　）

問題II　ひらがなで　書きなさい。

①パソコンの調子が　悪い。　直るだろうか。
　　　　　（　　）　（　　）（　　）

②朝、起きて、顔をあらってから、ご飯を　食べた。
　　　（　　）（　　）　　　（　　）

③うさぎは耳が　長い。
　　　　（　）（　　）

④お酒の　中で、日本酒がいちばんすきだ。
（　）（　）（　　）

⑤兄は　心がやさしくて、力が　強い。
（　）（　　）　　　（　）（　　）

⑥あの赤い　服を　着ている　人が　田中さんです。
　　（　）（　）（　　）（　）

⑦「かぜの具合はいかがですか。」「おかげさまで、もう治りました。」
　　　　（　　）　　　　　　　　　　　　　（　　）

⑧この病院は　24時間　医者がいるから、安心だ。
　（　　）（　　）（　　）（　　）

⑨この飛行機は　8時20分に東京に　着きます。
　　（　　）（　　　　）（　　）

§17

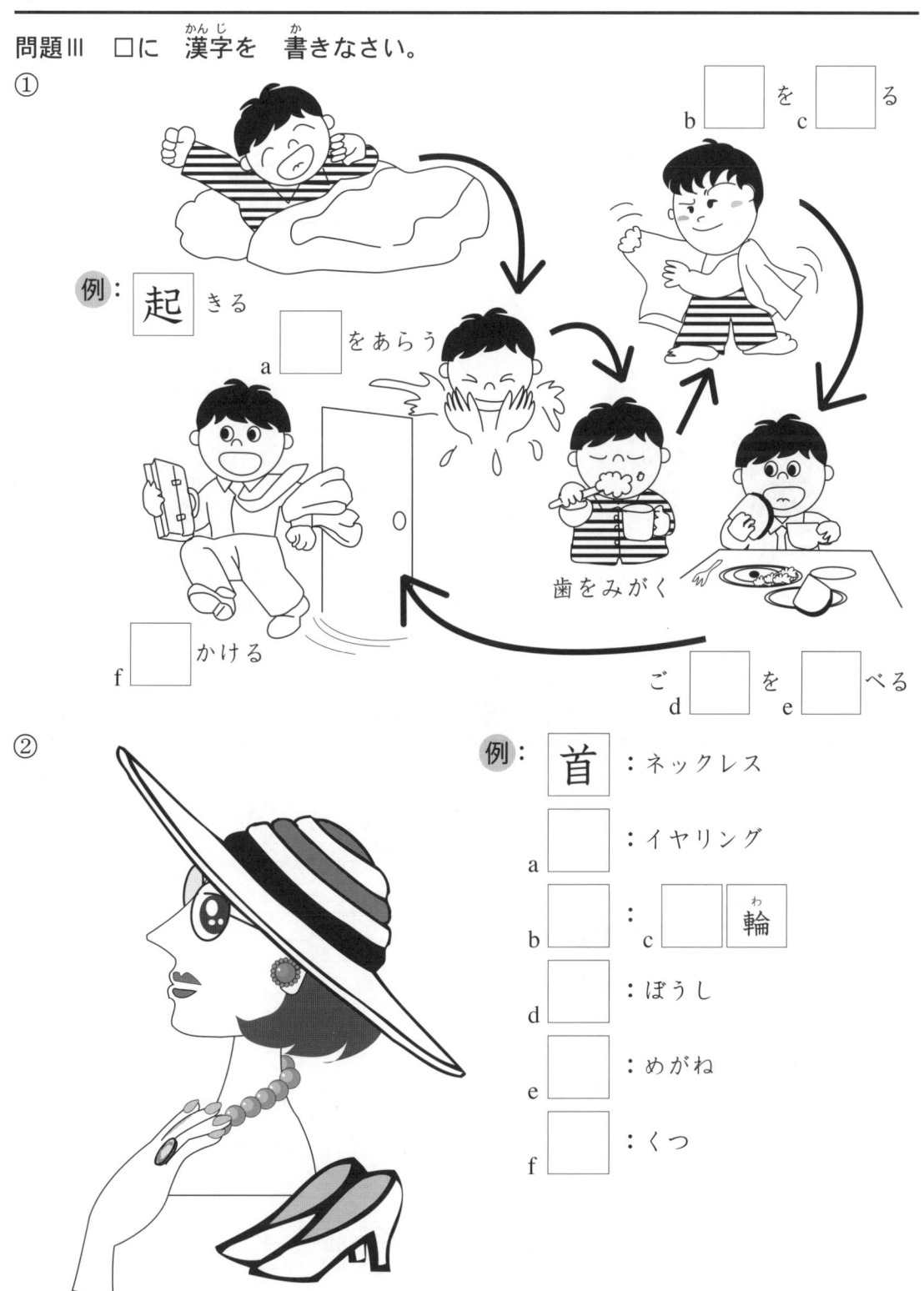

問題III　□に 漢字を 書きなさい。

① 例：起きる

a □をあらう
b □を c □る
d ご□を e □べる
f □かける

② 例：首：ネックレス
a □：イヤリング
b □： c □輪(わ)
d □：ぼうし
e □：めがね
f □：くつ

§17 読む漢字

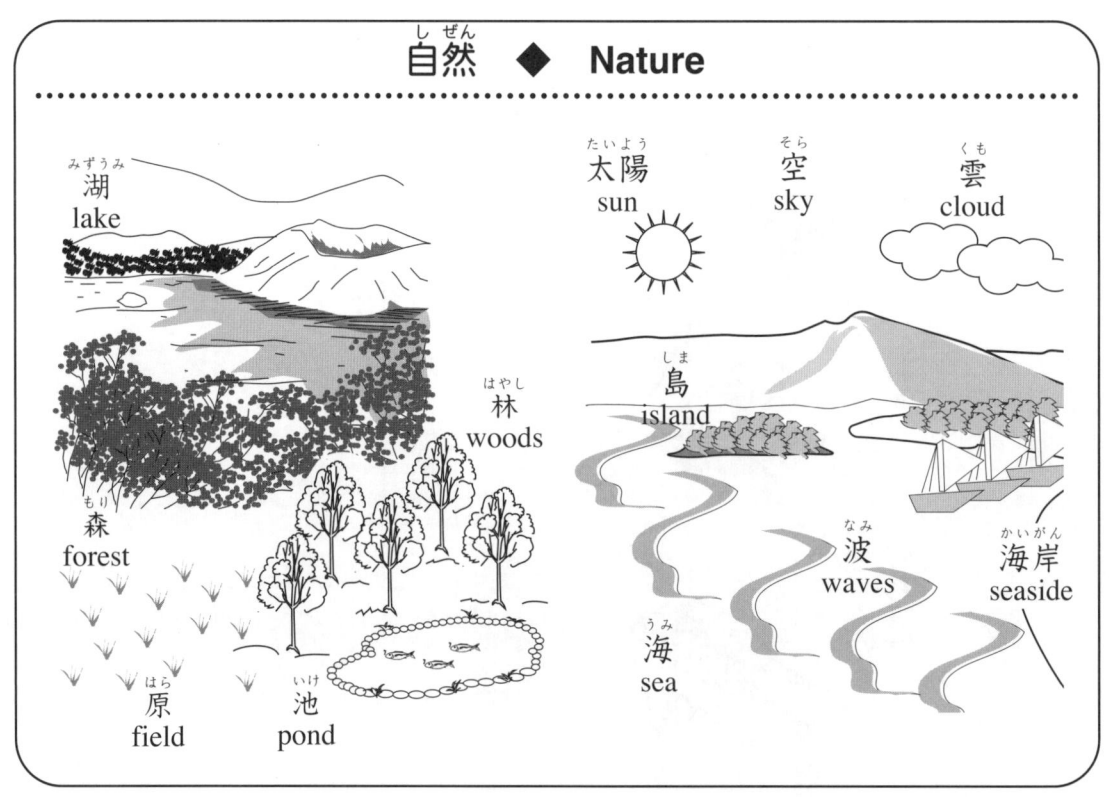

動物(どうぶつ) ◆ Animals

- 羊(ひつじ) sheep
- 猫(ねこ) cat
- 鳴(な)く to cry
- 馬(うま) horse
- 牛(うし) cattle
- 豚(ぶた) pig

自然(しぜん) ◆ Nature

- 湖(みずうみ) lake
- 林(はやし) woods
- 森(もり) forest
- 原(はら) field
- 池(いけ) pond
- 太陽(たいよう) sun
- 空(そら) sky
- 雲(くも) cloud
- 島(しま) island
- 波(なみ) waves
- 海岸(かいがん) seaside
- 海(うみ) sea

Chapter 18

§ 18−1 練習

269 東 ひがし / トウ

Stroke order: 一 厂 亓 百 亘 車 東 東 (1-8)

東 ひがし	east
東口 ひがしぐち	east exit
東洋 とうよう	the Orient
東京 とうきょう	Tokyo

270 西 にし / セイ / サイ〈ザイ〉

Stroke order: 一 厂 冂 历 西 西 (1-6)

西 にし	west
西口 にしぐち	west exit
西洋 せいよう	the West
東西 とうざい	east and west

271 南 みなみ / ナン

Stroke order: 一 十 十 冇 冇 冇 冇 南 南 (1-9)

南 みなみ	south
南口 みなみぐち	south exit
南北 なんぼく	south and north
南極 なんきょく	South Pole

§18-2

272 北
きた / ホク〈ボク〉〈ホッ〉

Stroke order: 1 一　2 十　3 才　4 北　5 北

北 きた	north
北口 きたぐち	north exit
東北 とうほく	northeast
北極 ほっきょく	North Pole

273 都
みやこ / ト / ツ

Stroke order: 1 一　2 十　3 土　4 耂　5 才　6 者　7 者　8 者　9 者　10 都　11 都

都・首都 みやこ・しゅと	metropolis
都会 とかい	city
東京都 とうきょうと	Tokyo Metropolis
都合 つごう	convenience

274 区
ク

Stroke order: 1 一　2 フ　3 メ　4 区

| 〜区 〜く | ~ Ward |
| 区役所 くやくしょ | ward office |

§ 18−3

275 県 ケン

1	2	3	4	5	6	7	8	9
丨	冂	日	月	目	目	臮	県	県

〜県（けん） 〜 Prefecture
県庁（けんちょう） prefectural office

276 市 いち／シ

1	2	3	4	5
亠	宀	广	市	市

市場（いちば） market
〜市（し） 〜 City
市長（しちょう） city mayor
市役所（しやくしょ） city office

277 世 よ／セ／セイ

1	2	3	4	5
一	十	卅	世	世

世の中（よのなか） the world
世界（せかい） world
世話（せわ） care
２１世紀（せいき） 21st century

§ 18－4

278 界 カイ

丨 口 冂 皿 用 田 甲 界 界

世界　world

279 洋 ヨウ

丶 丶 氵 汀 汗 泙 泮 洋 洋

東洋　the East
西洋　the West
太平洋　Pacific Ocean
洋服　clothing

280 海 うみ／カイ

丶 丶 氵 汀 汁 毎 毎 海 海

海　sea
海外　abroad
海岸　seaside
日本海　Japan Sea

§18－5

281 港 みなと / コウ
Stroke order: 丶 丶 氵 氵 汁 汁 泮 泮 洪 洪 港 港

- 港 (みなと) port
- 空港 (くうこう) airport

282 池 いけ / チ
Stroke order: 丶 丶 氵 氵 汕 池

- 池 (いけ) pond
- 電池 (でんち) battery

283 野 の / ヤ
Stroke order: 丨 口 日 日 甲 甲 里 野 野 野 野

- 野原 (のはら) field
- 野菜 (やさい) vegetables
- 野球 (やきゅう) baseball

§18 問題

問題I ひらがなで 書(か)きなさい。

① 東 ( )   ② 西 ( )   ③ 南 ( )   ④ 北 ( )
⑤ 東洋 ( )   ⑥ 西洋 ( )   ⑦ 東西 ( )   ⑧ 南北 ( )
⑨ 世界 ( )   ⑩ 東京都 ( )   ⑪ 北区 ( )   ⑫ 県 ( )
⑬ 市 ( )   ⑭ 市長 ( )   ⑮ 世話 ( )   ⑯ 海 ( )
⑰ 空港 ( )   ⑱ 電池 ( )   ⑲ 野菜 ( )   ⑳ 海岸 ( )
㉑ 区役所 ( )   ㉒ 市役所 ( )   ㉓ 都合 ( )   ㉔ 港 ( )

問題II ひらがなで 書(か)きなさい。

①日本の 東の ( ) 海は ( ) 太平洋です。( ) 西の ( ) 海は 日本海です。( )

②市長は ( ) 青い ( ) 洋服を ( ) 着ています。( )

③この時計は 電池がないから、( ) 動かない。( )

④世界の ( ) 人口はふえている。( )

⑤空港へ ( ) 行く ( ) 電車は ( ) 5番線です。( )

⑥友だちと 海岸をドライブした。( ) 次の日、( ) 海で ( ) 泳いだ。( )

⑦東京都北区、( ) 山口県、( ) 川口市 ( )

⑧昨日は ( ) 姉の ( ) 子どもの 世話をした。( )

§ 18

問題Ⅲ □に 漢字を 書きなさい。

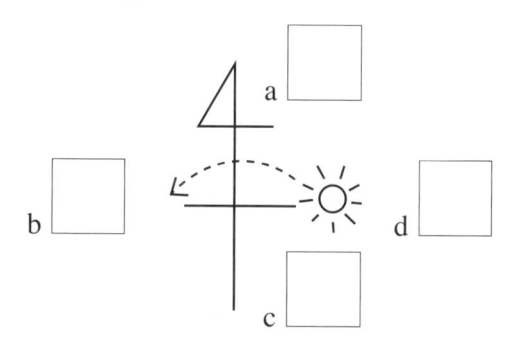

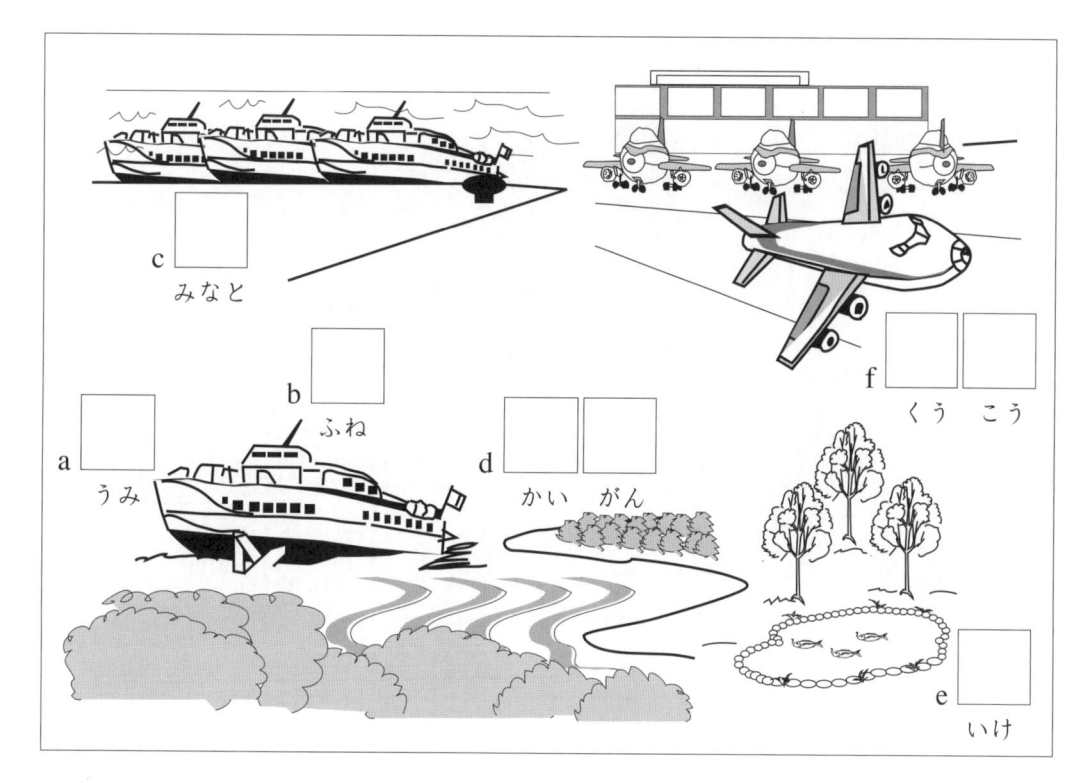

①
- a
- b
- c
- d

②
- a うみ
- b ふね
- c みなと
- d かいがん
- e いけ
- f くうこう

< 住所を漢字で書きましょう >

① あなたの住所

_____

② 学校の住所

_____

§18 読む漢字

植物(しょくぶつ) ◆ Plants

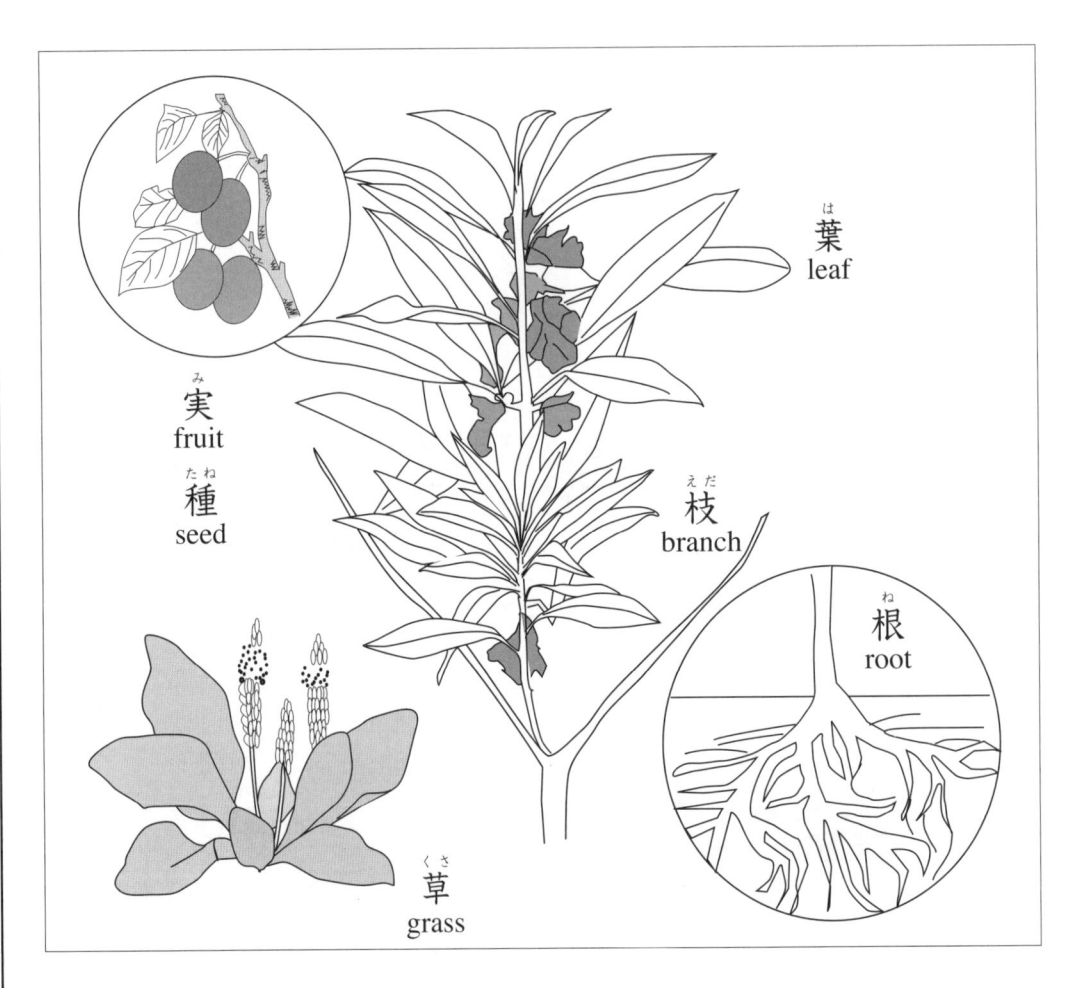

- 葉(は) leaf
- 実(み) fruit
- 種(たね) seed
- 枝(えだ) branch
- 根(ね) root
- 草(くさ) grass

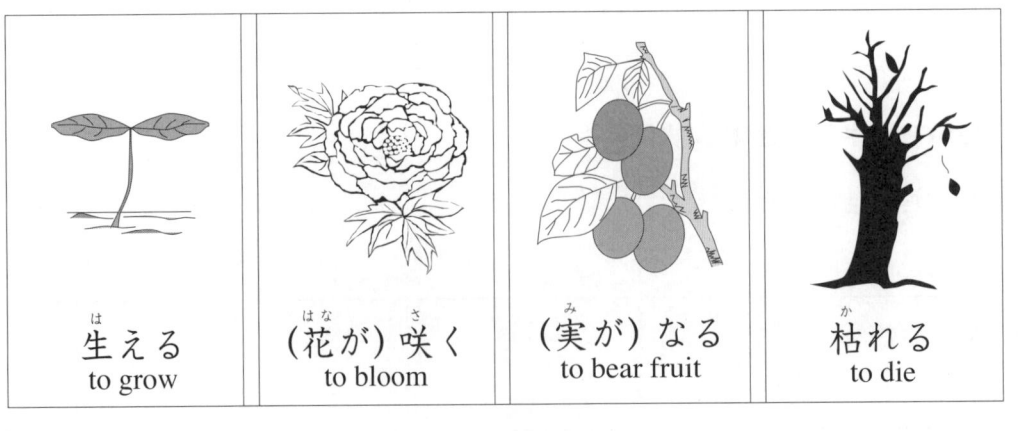

- 生(は)える — to grow
- (花(はな)が) 咲(さ)く — to bloom
- (実(み)が) なる — to bear fruit
- 枯(か)れる — to die

164

Chapter 19
§19−1 練習

284 研 ケン
一 ノ ア 石 石 石 石 矽 研

けんきゅう 研究　research
けんしゅうせい 研修生　trainee
けんきゅうせい 研究生　research student

285 究 キュウ
、 ウ 宀 ヴ 究 究 究

けんきゅう 研究　research

286 連 つ(れる) レン
一 厂 戸 百 亘 車 連 連 連

つ 連れていく　to take
れんらく 連絡　contact
れんきゅう 連休　consecutive holidays

165

§ 19－2

287 絡 ラク

1	2	3	4	5	6	7	8	9	10	11	12
く	幺	幺	糸	糸	糸	紸	紹	絞	絡	絡	絡

れんらく 連絡　contact, let ~ know

288 準 ジュン

1	2	3	4	5	6	7	8	9	10	11	12	13
丶	丶	氵	氵	汁	汁	汁	洷	淮	淮	淮	準	準

じゅんび 準備　preparation
じゅんきゅう 準急　semi express

289 備 ビ

1	2	3	4	5	6	7	8	9	10	11	12
ノ	イ	亻	仁	俨	俨	俌	俌	備	備	備	備

じゅんび 準備　preparation
よび 予備　spare

§19−3

290 宿 やど / シュク

Stroke order (1-11): 丶 宀 宀 宀 宀 宀 宿 宿 宿 宿

- 宿 (やど) inn
- 宿題 (しゅくだい) homework
- 宿泊 (しゅくはく) stay

291 題 ダイ

Stroke order (5-18): 日 旦 早 早 是 是 是 是 題 題 題 題 題 題

- 題 (だい) topic, title
- 宿題 (しゅくだい) homework
- 問題 (もんだい) problem

292 質 シツ

Stroke order (1-15): 丶 丿 斤 斤 斤 斤 斤 斤 斤 斤 質 質 質 質 質

- 質 (しつ) quality
- 質問 (しつもん) question

§ 19－4

293 問 と(い) / モン

1 丨 2 冂 3 冂 4 冃 5 冃 6 門 7 門 8 門 9 問 10 問 11 問

- 問い question
- 問題 problem
- 訪問 visit

294 正 ただ(しい) / セイ / ショウ

1 一 2 丁 3 下 4 正 5 正

- 正しい correct
- 正方形 square
- 正月 New Year
- 正午 noon

295 答 こた(える) / こた(え) / トウ

1 ノ 2 𠂉 3 𠂉 4 ⺮ 5 ⺮ 6 ⺮ 7 竹 8 𥫗 9 答 10 答 11 答 12 答

- 答える to reply
- 答え reply
- 解答 answer

§ 19 − 5

296 同

おな(じ) / ドウ

1	2	3	4	5	6
丨	冂	冂	同	同	同

- 同<ruby>じ</ruby> same
- 同時 same time

297 計

はか(る) / ケイ

1	2	3	4	5	6	7	8	9
丶	亠	ニ	言	言	言	言	言	計

- 計る to measure
- 時計 watch
- 計画 plan
- 計算 calculation

298 算

サン〈ザン〉

1	2	3	4	5	6	7	8	9	10	11	12	13	14
ノ	ト	ケ	竹	竹	竹	竹	笞	笞	筲	筲	笪	算	算

- 計算 calculation
- 予算 budget
- 暗算 mental arithmetic

§19 問題

問題Ⅰ　ひらがなで　書きなさい。

① 研究　　　② 連絡　　　③ 準備　　　④ 宿題
（　　　）（　　　　）（　　　　）（　　　　）
⑤ 質問　　　⑥ 問題　　　⑦ 答え　　　⑧ 同じ
（　　　）（　　　　）（　　　　）（　　　　）
⑨ 計算　　　⑩ 時計　　　⑪ 計画　　　⑫ 正月
（　　　）（　　　　）（　　　　）（　　　　）
⑬ 正方形　　⑭ 質がいい　⑮ 連休　　　⑯ 正しい
（　　　）（　　　　）（　　　　）（　　　　）
⑰ 問い　　　⑱ 正午
（　　　）（　　　　）

問題Ⅱ　ひらがなで　書きなさい。

①日本語の　教え方を　研究しています。
（　　　）（　　　）（　　　）

②パーティーの時間が　変わりましたので、連絡します。
　　　　　　（　　　）（　　　　）（　　　　）

③やっと宿題が　終わりました。
　　　（　　　）（　　　　）

④明日の　準備ができました。
（　　　）（　　　　）

⑤「連休の　　計画は、できましたか。」「はい、北海道へ行くつもりです。」
　（　　　）（　　　）

⑥ヤンさんは　計算が　速い。
　　　　　　（　　　）（　　）

⑦私は　弟と　同じ　時計をしています。
　　　（　　）（　　）（　　　）

⑧次の　問題の　答えを　言いなさい。
（　）（　　　）（　　　）（　　　　）

⑨質問がある　人は　手をあげてください。
（　　　）（　　）（　　）

§19

問題Ⅲ □に 漢字を 書きなさい。

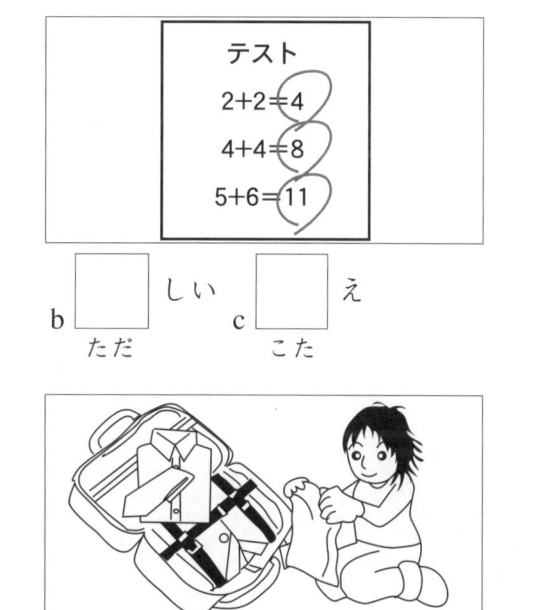

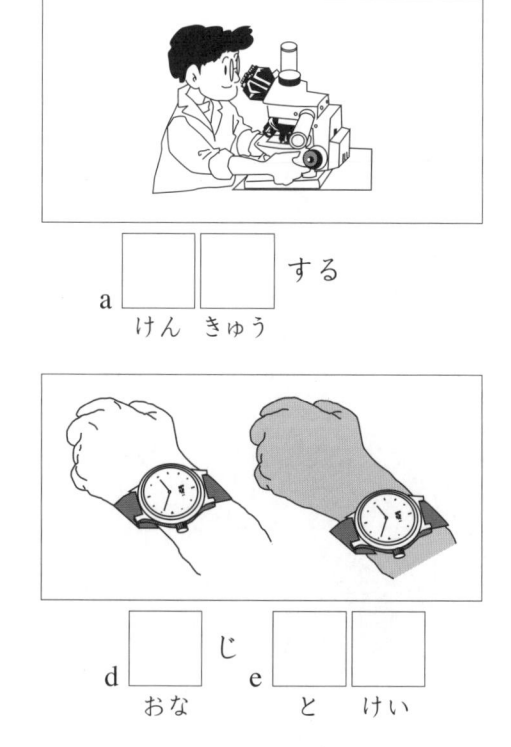

a 研究する （けんきゅう）
b 正しい （ただ）
c 答え （こた）
d 同じ （おな）
e 時計 （とけい）
f 旅行 （りょこう）
g 準備をする （じゅんび）

問題Ⅳ □に 漢字を 書きなさい。

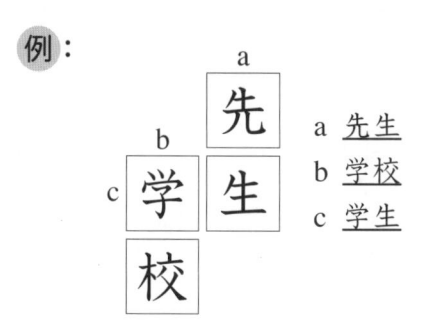

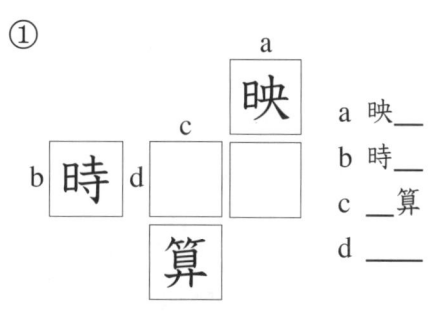

例：
```
    先
  学 生
  校
```
a 先生
b 学校
c 学生

①
```
      映
  時 d
    算
```
a 映＿
b 時＿
c ＿算
d ＿＿

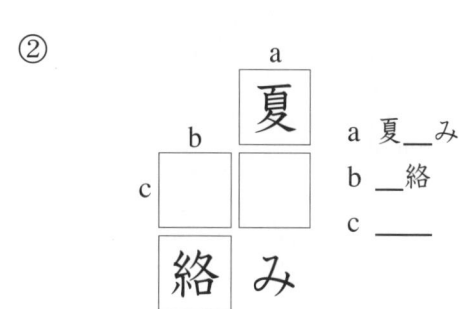

②
```
    夏
  c
  絡 み
```
a 夏＿み
b ＿絡
c ＿＿

§19 読む漢字

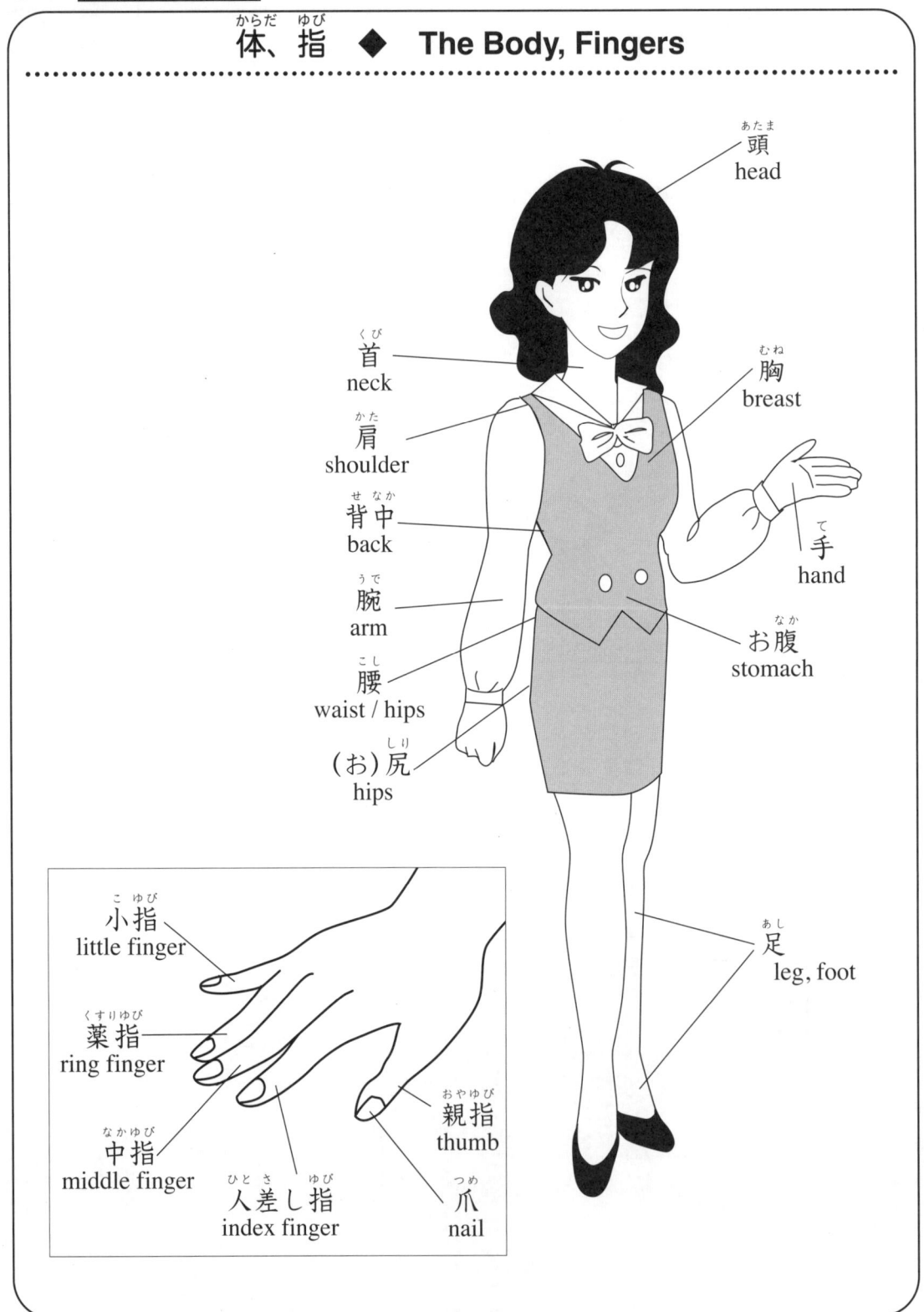

体（からだ）、指（ゆび） ◆ The Body, Fingers

- 頭（あたま） head
- 首（くび） neck
- 肩（かた） shoulder
- 背中（せなか） back
- 腕（うで） arm
- 腰（こし） waist / hips
- （お）尻（しり） hips
- 胸（むね） breast
- 手（て） hand
- お腹（なか） stomach
- 足（あし） leg, foot

- 小指（こゆび） little finger
- 薬指（くすりゆび） ring finger
- 中指（なかゆび） middle finger
- 人差し指（ひとさしゆび） index finger
- 親指（おやゆび） thumb
- 爪（つめ） nail

Chapter 20

§20−1 練習

299 雑　ザツ〈ザッ〉

Stroke order: ノ 九 九 卆 杂 朵 朵 杂 杂 新 新 新 雑 雑

- 雑（な） rough
- 複雑（な） complicated
- 雑誌 magazine

300 誌　シ

Stroke order: 丶 亠 亠 言 言 言 言 訂 訂 訐 誌 誌 誌

- 雑誌 magazine
- 週刊誌 weekly magazine

301 説　セツ〈セッ〉

Stroke order: 丶 亠 亠 言 言 言 言 訂 訂 訳 説 説 説

- 説明 explanation
- 小説 novel

§20−2

302 相 — あい / ソウ / ショウ
Stroke order: 一 十 才 木 札 机 相 相 相

- 相手 (あいて) — the other party, partner
- 相談 (そうだん) — consultation
- 首相 (しゅしょう) — prime minister

303 談 — ダン
Stroke order: 丶 亠 言 言 言 言 言 言 訁 訟 談 談 談 談 談

- 相談 (そうだん) — consultation

304 箱 — ハコ 〈バコ〉
Stroke order: ノ ト 广 ⺮ ⺮ 竹 竹 竹 笌 笌 箱 箱 箱 箱 箱

- 箱 (はこ) — box
- ごみ箱 (ごみばこ) — trash can

§20-3

305 便 ベン / ビン

ノ 亻 亻 仁 仁 佢 佢 伊 便

- 便利（な） convenient
- 不便（な） inconvenient
- 郵便局 post office

306 利 き（く）/ リ

ノ 二 千 千 禾 利 利

- 左利き left-handed
- 便利（な） convenient
- 利用 use

307 不 フ

一 フ 不 不

- 不便（な） inconvenient
- 不安（な） afraid, worried
- 不親切（な） unkind

§20−4

308 静
しず(か) / セイ

一 十 キ 主 丰 青 青 青 青' 青" 静 静 静 静

静か(な) quiet

309 用
ヨウ

丿 冂 月 月 用

用事　business
用意　preparation
〜用（子ども用）　for 〜 (for children)

310 両
リョウ

一 丆 丂 市 両 両

両方　both
両親　parents
両手　both hands
両替　change of money

§20－5

311 員　イン

Stroke order: 丨 冂 口 尸 吊 틧 貟 冒 員 員

- 店員（てんいん）clerk
- 会社員（かいしゃいん）company employee
- 駅員（えきいん）station employee
- 全員（ぜんいん）all the members

312 果　カ

Stroke order: 丨 冂 冃 日 旦 甲 果 果

- 結果（けっか）result
- *果物（くだもの）fruit

313 復　フク〈ブク〉

Stroke order: 丿 彡 彳 彳 彳 彳 㣲 㣲 㣲 㣲 復 復

- 復習（ふくしゅう）revision
- 往復（おうふく）coming and going

§20 問題

問題I ひらがなで 書(か)きなさい。

① 雑誌 （　　） ② 説明 （　　） ③ 相談 （　　） ④ 箱 （　　）
⑤ 便利 （　　） ⑥ 不便 （　　） ⑦ 静か （　　） ⑧ 両親 （　　）
⑨ 両方 （　　） ⑩ 店員 （　　） ⑪ 会社員 （　　） ⑫ 果物 （　　）
⑬ 結果 （　　） ⑭ 復習 （　　） ⑮ 相手 （　　） ⑯ 小説 （　　）
⑰ 用意 （　　） ⑱ 用事 （　　） ⑲ 不安 （　　） ⑳ 子ども用 （　　）

問題II ひらがなで 書(か)きなさい。

① 毎日、予習と 復習をします。
　（　　）（　　）（　　）

② 駅員はとても 親切でしたが、店員は 不親切でした。
　（　　）（　　）（　　）（　　）

③ この近くは 店がたくさんあるので、便利です。
　（　　）（　　）（　　）

④ 食べ物の 中で、果物がいちばんすきだ。
　（　　）（　　）

⑤ 両親に 相談してから、返事します。
　（　　）（　　）（　　）

⑥ これから説明しますから、静かにしてください。
　　　　（　　）（　　）

⑦ いらない雑誌はこの 箱に 入れてください。
　　　　（　　）（　　）（　　）

⑧ 私の家は、駅から 遠いので、不便だ。
　　　　　　　（　　）（　　）

⑨ 試験の 結果を お知らせします。
　（　　）（　　）（　　）

§20

問題III □に 漢字を 書きなさい。

① a ざっし

b しず かな c へや

d ごみばこ

e くだもの

② 今日の授業の □習 をしてから、明日の授業の □習 をする。

③ 近くに郵便局がないので、□□ です。
　　　　　　　　　　　　　ふべん

問題IV 下から 漢字を 二つ選んで、ことばを 作りなさい。

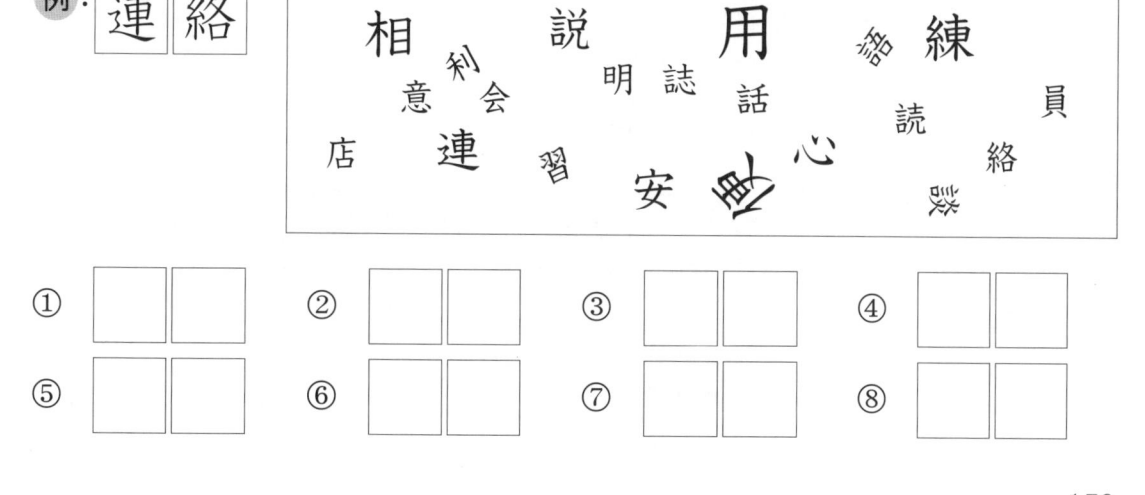

例：連絡

相　説　用　練
利　明　誌　話　語　員
意　会　　　　　読
店　連　習　安　地　心　絡　発

① ② ③ ④
⑤ ⑥ ⑦ ⑧

§20 読む漢字

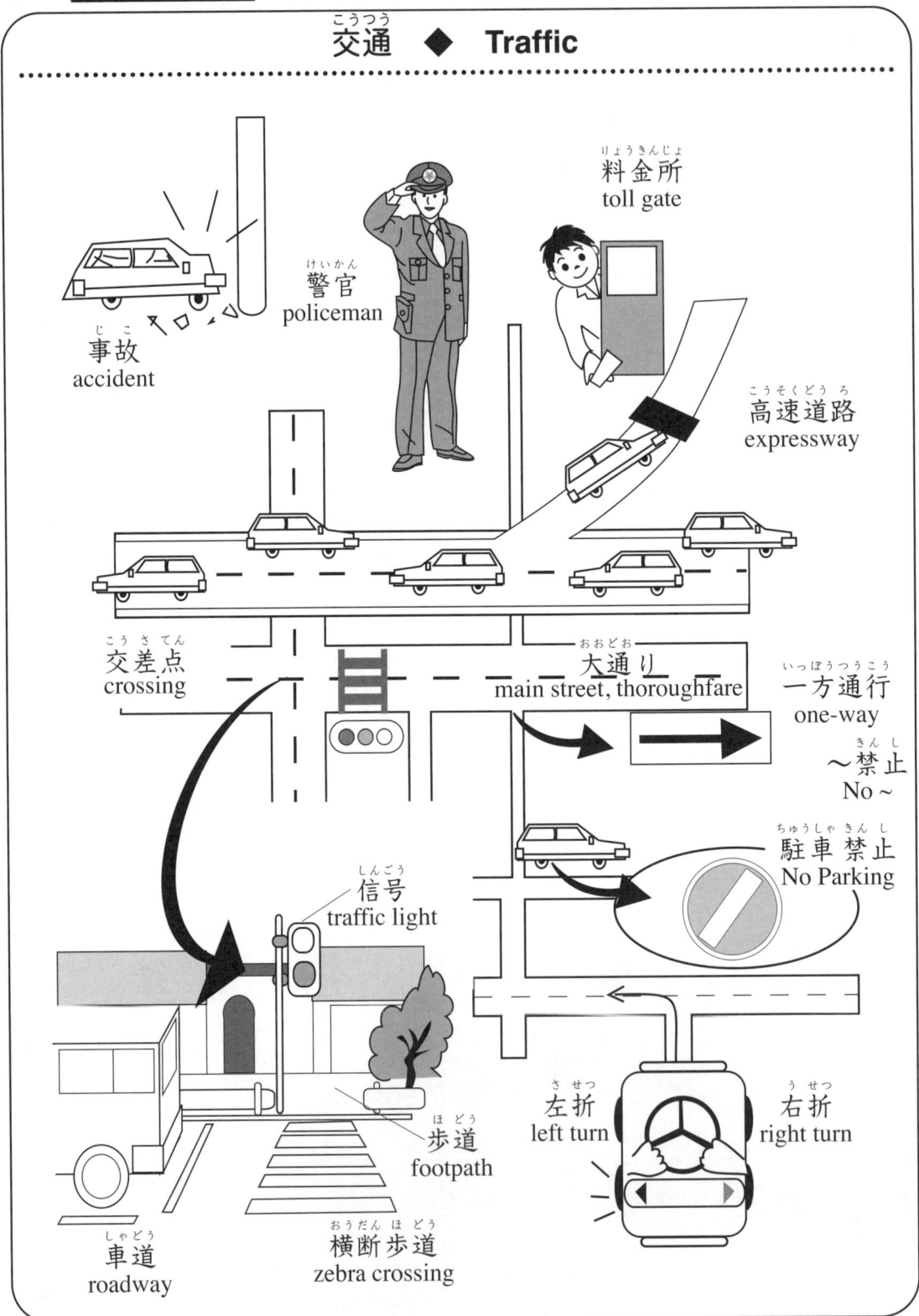

交通（こうつう） ◆ Traffic

- 事故（じこ） accident
- 警官（けいかん） policeman
- 料金所（りょうきんじょ） toll gate
- 高速道路（こうそくどうろ） expressway
- 交差点（こうさてん） crossing
- 大通り（おおどおり） main street, thoroughfare
- 一方通行（いっぽうつうこう） one-way
- 〜禁止（きんし） No 〜
- 駐車禁止（ちゅうしゃきんし） No Parking
- 信号（しんごう） traffic light
- 歩道（ほどう） footpath
- 左折（させつ） left turn
- 右折（うせつ） right turn
- 車道（しゃどう） roadway
- 横断歩道（おうだんほどう） zebra crossing

Chapter 21

§21−1 練習

314 呼

よ（ぶ）
コ

1	2	3	4	5	6	7	8
丶	口	口	口′	口′	口″	呼	呼

呼ぶ　to call

315 取

と（る）
シュ

1	2	3	4	5	6	7	8
一	丁	F	F	王	耳	取	取

取る　to take
受け取る　to accept

316 止

と（まる）
と（める）
シ

1	2	3	4
丨	卜	止	止

止まる／止める　to stop
中止　cancel
禁止　prohibition

181

§21−2

317 捨 す(てる) / シャ

Stroke order: 一 十 扌 扌 扑 护 拎 拎 挌 捨 捨

捨てる　to throw away

318 拾 ひろ(う) / シュウ / ジュウ

Stroke order: 一 十 扌 扌 扑 护 拎 拾 拾

拾う　to pick up

319 死 し(ぬ) / シ

Stroke order: 一 ア タ タ ダ 死

死ぬ　to die
死　death

§21－3

320 働 はたら(く) / ドウ

ノ イ ｲ ｲ ｲ ｲ 侗 侗 侗 侗 働 働

働く　to work

321 飛 と(ぶ) / ヒ

乁 乁 飞 飞 乤 飛 飛 飛 飛

飛ぶ　to fly
飛行機　aeroplane

322 遊 あそ(ぶ) / ユウ

丶 亠 方 方 方 方 斿 斿 斿 游 遊 遊

遊ぶ　to play
遊園地　amusement park

§21—4

323 散
ち(る) / サン

Stroke order: 一 十 卄 丗 丗 世 昔 昔 昔 昔 散 散

- 散る to scatter, fall
- 散歩 walk

324 知
し(る) / し(らせる) / し(らせ) / チ

Stroke order: ノ ⺉ 匕 乍 矢 知 知 知

- 知る to know
- 知らせる to let ~ know
- 知り合い acquaintance
- 知識 knowledge

325 集
あつ(まる) / あつ(める) / シュウ

Stroke order: ノ イ 亻 彳 什 仹 仹 隹 隼 集 集

- 集まる to come together
- 集める to gather, collect
- 集合 meeting

§21－5

326 注 チュウ

筆順: 丶 丶 氵 氵 汁 汁 注 注

- 注意（ちゅうい） attention
- 注文（ちゅうもん） order

327 助 たす(かる) / たす(ける) / ジョ

筆順: 丨 冂 月 月 目 助 助

- 助かる（たす） to be saved
- 助ける（たす） to help

328 打 う(つ) / ダ

筆順: 一 丁 扌 打 打

- 打つ（う） to hit

§21 問題

問題Ⅰ　ひらがなで　書(か)きなさい。

① 呼ぶ　② 取る　③ 止まる　④ 捨てる
（　　　）（　　　）（　　　　）（　　　　）

⑤ 拾う　⑥ 死ぬ　⑦ 働く　⑧ 飛ぶ
（　　　）（　　　）（　　　）（　　　）

⑨ 遊ぶ　⑩ 散る　⑪ 知る　⑫ 集める
（　　　）（　　　）（　　　）（　　　　）

⑬ 注意　⑭ 助ける　⑮ 打つ　⑯ 遊園地
（　　　）（　　　　）（　　　）（　　　　）

問題Ⅱ　ひらがなで　書(か)きなさい。

①「山田さんが　来月　　帰国します。」「そうですか。知りませんでした。」
　　　（　　　）（　　　）（　　　　）　　　　　　（　　　　）

②散歩しているとき、お金を　拾いました。
（　　　　）　　　（　　）（　　　　）

③古い　　雑誌は、この箱に　捨ててください。
（　　）（　　　）（　　）（　　　）

④飛行機に　お医者さんが　乗っていて、病気の人を助けました。
（　　　）（　　　　）（　　　）（　　　）（　　　　）

⑤小さい　子ども達がたくさん集まって、元気に　遊んでいます。
（　　　）（　　）（　　　　）（　　　）（　　　）

⑥ここに車を　止めることは禁止されています。注意してください。
　　　（　）（　　　）（　　　）　　　　　（　　　　）

§21

問題Ⅲ □に 漢字を 書きなさい。

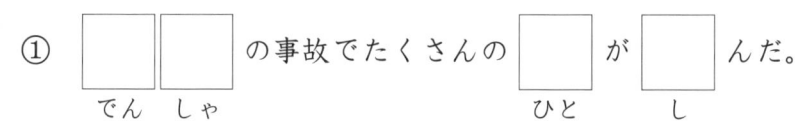

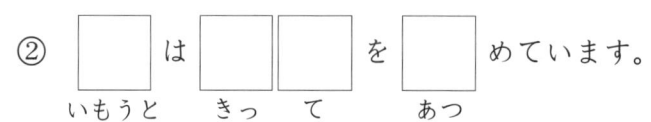

① □□の事故でたくさんの □が □んだ。
　　でん　しゃ　　　　　　　　ひと　　　し

② □は □□を □めています。
　いもうと　きっ　て　　あつ

③ だれかがあなたの □□を □んでいますよ。
　　　　　　　　　な　まえ　　よ

④ きのうは □しかった。□□くまで □いた。
　　　　　いそが　　　よる　おそ　　　はたら

⑤ 外国語で □□を □□するのは □しいです。
　　　　　りょう　り　ちゅう　もん　　　むずか

問題Ⅳ □から部分を選んで漢字を作りなさい。

例： 亻 ＋ 本 ＝ 体

① □ ＋ □ ＝ □

② □ ＋ □ ＝ □

③ □ ＋ □ ＝ □

```
亻　口　合
本　氵
扌　　耳
矢　丁　主
```

§21 読む漢字

天体(てんたい) ◆ Astronomy

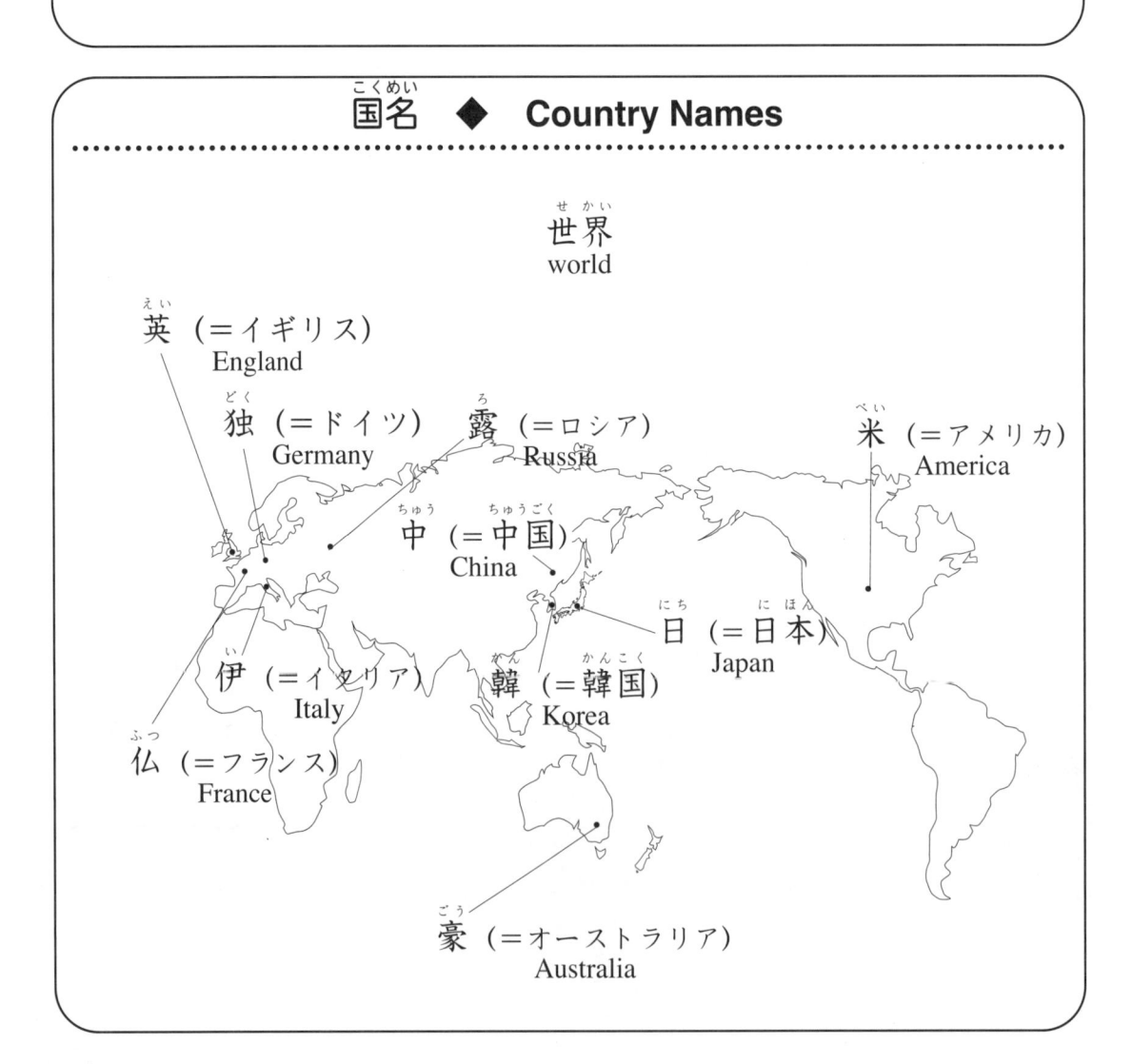

- 宇宙(うちゅう) space
- 星(ほし) star
- 太陽(たいよう) the sun
- 地球(ちきゅう) the earth

国名(こくめい) ◆ Country Names

世界(せかい) world

- 英(えい)(＝イギリス) England
- 独(どく)(＝ドイツ) Germany
- 露(ろ)(＝ロシア) Russia
- 米(べい)(＝アメリカ) America
- 中(ちゅう)(＝中国(ちゅうごく)) China
- 日(にち)(＝日本(にほん)) Japan
- 伊(い)(＝イタリア) Italy
- 韓(かん)(＝韓国(かんこく)) Korea
- 仏(ふつ)(＝フランス) France
- 豪(ごう)(＝オーストラリア) Australia

Chapter 22

§22-1 練習

329 場 ば/ジョウ

一 十 土 尹 圹 坦 坦 垾 垾 揚 場 場

- 場所（ばしょ） place
- 場合（ばあい） case
- 入場料（にゅうじょうりょう） entrance fee
- 会場（かいじょう） meeting place

330 合 あ(う)/あい/ゴウ

ノ 人 △ 合 合 合

- 合う（あう） to fit
- 間に合う（まにあう） be in time
- 試合（しあい） match
- 合格（ごうかく） passing, success

331 伝 つた(わる)/つた(える)/デン

ノ 亻 仁 仁 伝 伝

- 伝える（つたえる） to tell
- 伝言（でんごん） message
- *手伝う（てつだう） to help

§22-2

332 困 こま(る) / コン
Strokes: 1 丨 2 冂 3 冂 4 用 5 困 6 困 7 困

困る to be in trouble

333 登 のぼ(る) / ト
Strokes: 1 フ 2 ク 3 グ 4 癶 5 癶 6 癶 7 癶 8 登 9 登 10 登 11 登 12 登

登る to climb
登山 mountain climbing

334 喜 よろこ(ぶ) / キ
Strokes: 1 一 2 十 3 士 4 吉 5 吉 6 吉 7 吉 8 喜 9 喜 10 喜 11 喜 12 喜

喜ぶ to be pleased

§22-3

335 笑
- わら(う)
- え
- ショウ

Stroke order: ノ ⺊ ⺌ ⺮ ⺮ 竹 竺 笙 笑 笑 (10 strokes)

笑う	to laugh
大笑い	loud laugh
笑顔	smiling face

336 泣
- な(く)

Stroke order: 丶 冫 氵 氵 汁 汁 泣 泣 (8 strokes)

| 泣く | to cry |

337 育
- そだ(つ)
- そだ(てる)
- イク

Stroke order: 丶 亠 𠫓 𠫓 㐬 育 育 育 (8 strokes)

育つ	to grow up
育てる	to raise
体育	physical education
教育	education

§22－4

338 主
ぬし / おも / シュ

1	2	3	4	5
丶	亠	亍	宇	主

- 主（な）　main
- 主人　my husband
- ご主人　your / someone's husband

主

339 奥
おく

1	2	3	4	5	6	7	8	9	10	11	12	13	14
丿	亻	冂	冂	冂	向	甪	甪	臾	臾	奥	奥	奥	奥

- 奥さん　someone's wife

奥

340 祖
ソ

1	2	3	4	5	6	7	8	9
丶	ラ	齐	礻	礽	初	初	衵	祖

- 祖父　my grandfather
- 祖母　my grandmother

祖

§22-5

341 彼 かれ / かの

Stroke order: ノ ク 彳 彳 彷 彷 彼 彼 (8 strokes)

- 彼 (かれ) he, boyfriend
- 彼女 (かのじょ) she, girlfriend

342 族 ゾク

Stroke order: 丶 亠 方 方 方 芳 旅 旅 旅 族 族 (11 strokes)

- 家族 (かぞく) family
- 民族 (みんぞく) nation, race

343 様 さま / ヨウ

Stroke order: 一 十 才 木 木 栏 栏 栏 栏 样 样 様 様 様 (14 strokes)

- ～様 (さま) Mr./Mrs./Miss ~
- お客様 (きゃくさま) customer, guest
- 様子 (ようす) appearance

§22 問題

問題 I　ひらがなで 書(か)きなさい。

① 場合　② 伝える　③ 困る　④ 登る
（　　　）（　　　　）（　　　　）（　　　　）

⑤ 喜ぶ　⑥ 笑う　⑦ 泣く　⑧ 育てる
（　　　）（　　　　）（　　　　）（　　　　）

⑨ 間に合う　⑩ 手伝う　⑪ 主人　⑫ 奥さん
（　　　）（　　　　）（　　　　）（　　　　）

⑬ 祖父　⑭ 彼　⑮ 家族　⑯ 木村様
（　　　）（　　　　）（　　　　）（　　　　）

問題 II　ひらがなで 書(か)きなさい。

①宿題のノートを 忘れて 困りました。
（　　　）（　　　）（　　　　）

②ご主人の お仕事は 何ですか。
（　　　　）（　　　）（　　）

③時間は3時、場所は 東京駅です。 彼に そう 伝えてください。
（　　　）（　　　）（　　　　）（　　　）（　　　　）

④彼女は 泣いたり 笑ったりしている。
（　　　）（　　　　）（　　　　）

⑤祖父は 祖母から プレゼントをもらって喜んでいます。
（　　）（　　　）　　　　　　　　（　　　　）

⑥明日 家族で山に 登るので、持ち物を 準備しておきます。
（　　）（　　　）（　　　　）（　　　）（　　　）

§ 22

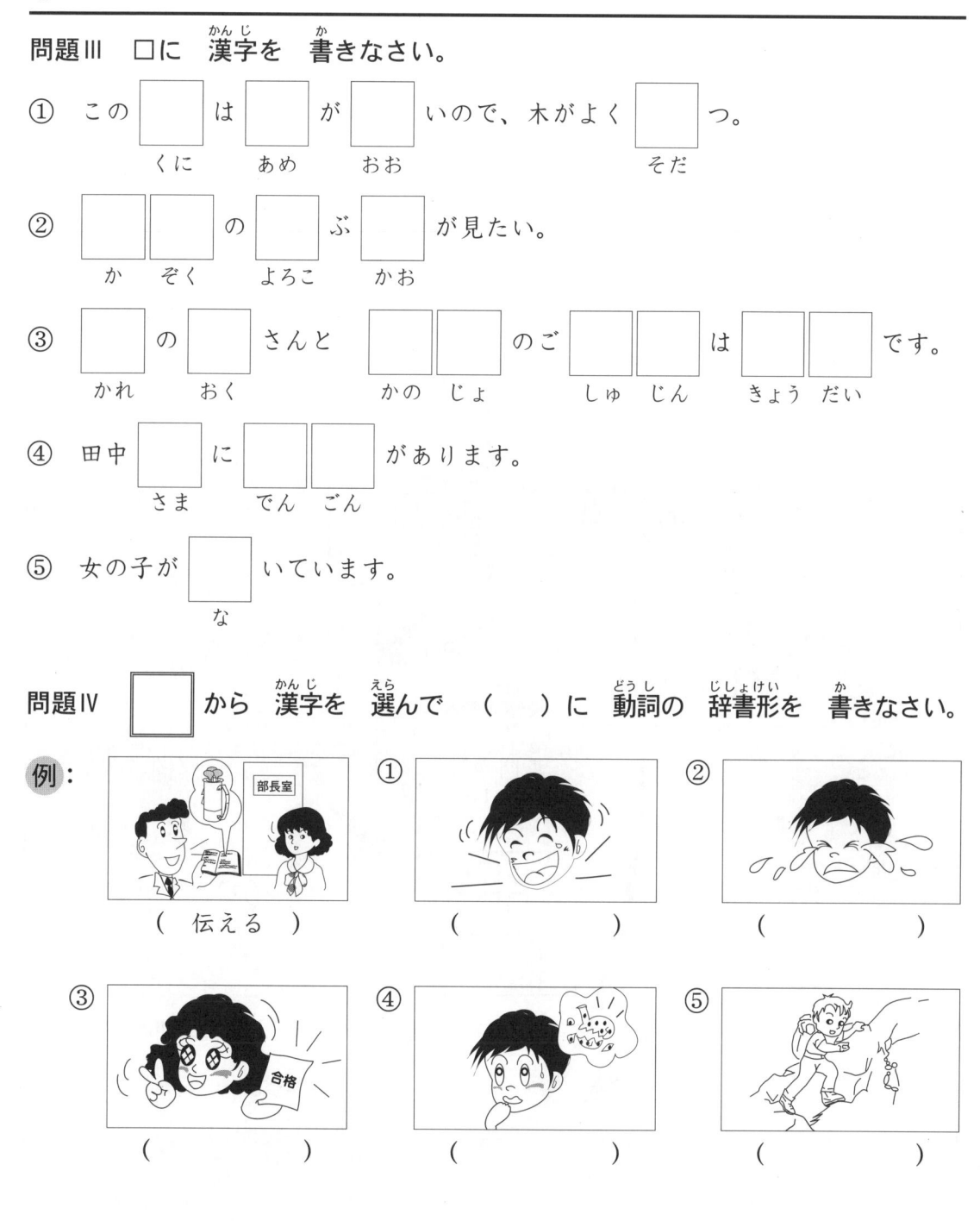

問題III □に 漢字を 書きなさい。

① この □ は □ が □ いので、木がよく □ つ。
　　　くに　　あめ　　おお　　　　　　　　そだ

② □□ の □ ぶ □ が見たい。
　　かぞく　　よろこ　かお

③ □ の □ さんと □□ のご □□ は □□ です。
　　かれ　おく　　　かのじょ　　しゅじん　　きょうだい

④ 田中 □ に □□ があります。
　　　　さま　　でんごん

⑤ 女の子が □ いています。
　　　　　　な

問題IV □ から 漢字を 選んで（　）に 動詞の 辞書形を 書きなさい。

例：（ 伝える ）

①（　　　）　②（　　　）

③（　　　）　④（　　　）　⑤（　　　）

| 伝 | 困 | 笑 | 書 | 登 | 注 | 泣 | 国 | 喜 | 答 |

§22 読む漢字

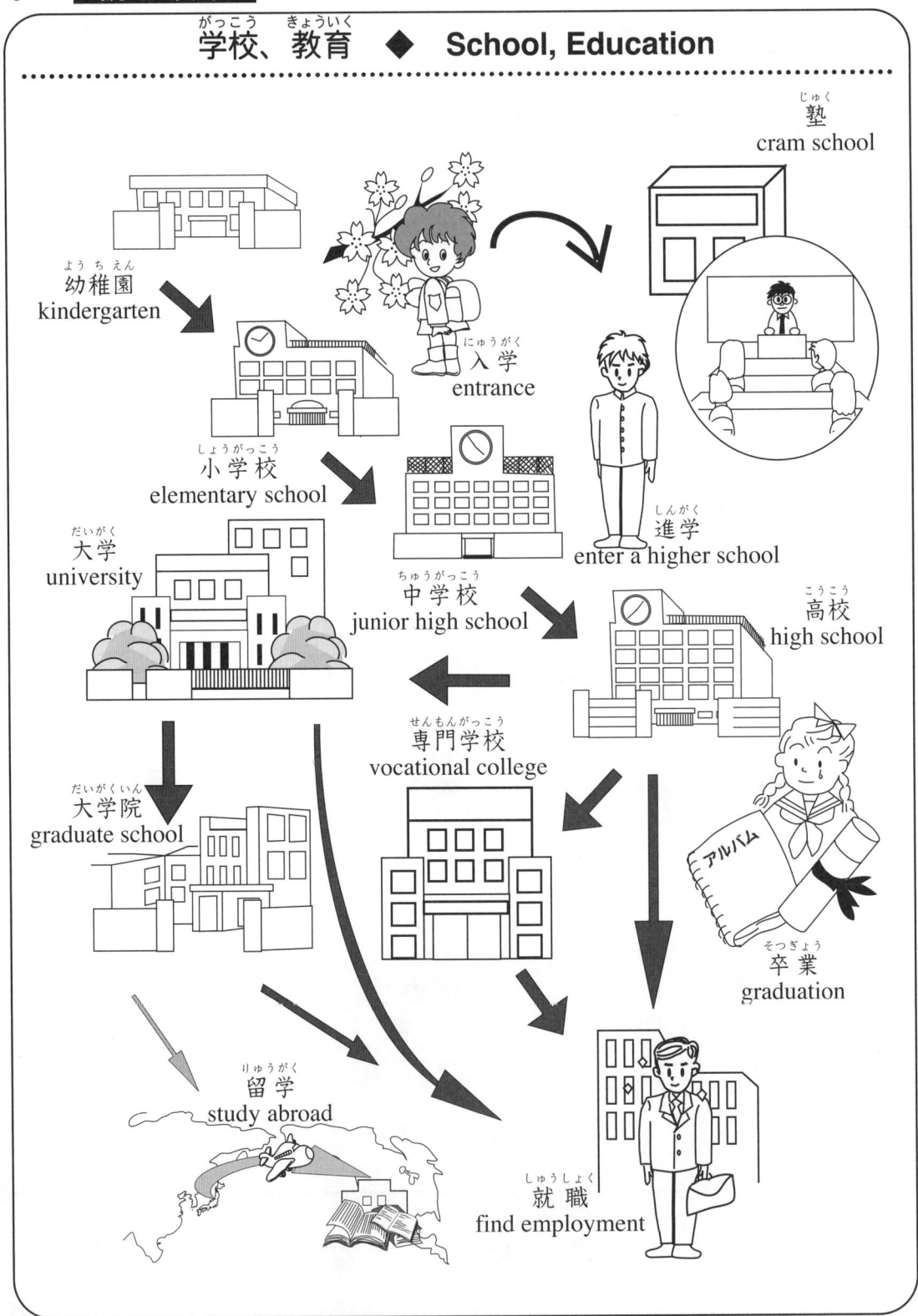

学校（がっこう）、教育（きょういく） ◆ School, Education

- 塾（じゅく）cram school
- 幼稚園（ようちえん）kindergarten
- 入学（にゅうがく）entrance
- 小学校（しょうがっこう）elementary school
- 進学（しんがく）enter a higher school
- 中学校（ちゅうがっこう）junior high school
- 高校（こうこう）high school
- 大学（だいがく）university
- 専門学校（せんもんがっこう）vocational college
- 大学院（だいがくいん）graduate school
- 卒業（そつぎょう）graduation
- 留学（りゅうがく）study abroad
- 就職（しゅうしょく）find employment

Chapter 23

§23−1 練習

344 袋

ふくろ〈ぶくろ〉／タイ

筆順: ノ 亻 亻 代 代 代 伐 伐 伐 袋 袋

- 袋 ふくろ bag
- 手袋 てぶくろ gloves

345 氷

こおり／ヒョウ

筆順: 丿 冫 冫 氺 氺 氷

- 氷 こおり ice
- 氷山 ひょうざん iceberg

346 糸

いと／シ

筆順: く 幺 幺 糸 糸 糸

- 糸 いと thread

§23-2

347 石

いし / セキ〈セッ〉

一 ナ ア 石 石

- 石 (いし) stone
- 石けん (せっけん) soap

348 風

かぜ / フウ

丿 几 凡 凡 凨 凨 風 風 風

- 風 (かぜ) wind
- 北風 (きたかぜ) north wind
- 台風 (たいふう) typhoon

349 吹

ふ(く)

丨 口 口 口' 吖 吹 吹

- 吹く (ふく) to blow

§23−3

350 雲
- くも / ウン
- くも 雲 cloud
- あまぐも 雲 rain clouds

Stroke order: 一 厂 戸 示 示 示 雨 雨 雪 雲 雲 雲

351 雪
- ゆき / セツ
- ゆき 雪 snow
- おおゆき 大雪 heavy snow

Stroke order: 一 厂 戸 示 示 示 雨 雨 雪 雪 雪

352 置
- お(く) / チ
- お 置く to place

Stroke order: 丨 冂 罒 罒 罒 罒 罒 罯 罯 罯 置 置 置

§23－4

353 積

つ（もる）
つ（む）
セキ〈セッ〉

Stroke order (1-16): 千 千 禾 禾 禾 秆 秆 秸 秸 積 積 積 積 積 積

- 積もる — to build up
- 積む — to pile up
- 成績 (せいせき) — results

354 並

なら（ぶ）
なら（べる）
なみ
ヘイ

Stroke order (1-8): 丶 丷 丷 䒑 坐 並 並 並

- 並ぶ — to be lined up
- 並べる — to line up
- 並木 (なみき) — row of trees

355 倒

たお（れる）
たお（す）
トウ

Stroke order (1-10): 丿 亻 亻 仁 佂 佂 伡 伡 倒 倒

- 倒れる — to fall down
- 倒す — to knock down

§23—5

356 破

やぶ(れる) / やぶ(る) / ハ

Stroke order: 一 ア 石 石 石 矿 矿 砂 破

- 破れる　to be torn
- 破る　to tear

357 落

お(ちる) / お(とす) / ラク

Stroke order: 一 十 艹 艹 艹 艹 艹 荗 茨 荅 落 落

- 落ちる　to fall
- 落とす　to drop
- 落ち葉　fallen leaves

358 割

わ(れる) / わ(る) / カツ

Stroke order: 丶 宀 宀 宀 中 宇 宝 害 害 害 割 割

- 割れる　to be cracked
- 割る　to crack
- 分割　division

§23 問題

問題I ひらがなで 書(か)きなさい。

① 袋 （　　　）　② 氷 （　　　）　③ 糸 （　　　）　④ 石 （　　　）
⑤ 風 （　　　）　⑥ 吹く（　　　）　⑦ 雲 （　　　）　⑧ 雪 （　　　）
⑨ 置く（　　　）　⑩ 積む（　　　）　⑪ 並べる（　　　）　⑫ 倒れる（　　　）
⑬ 破れる（　　　）　⑭ 落ちる（　　　）　⑮ 割れる（　　　）

問題II ひらがなで 書(か)きなさい。

①昨日の 台風で、 木がたくさん 倒れた。
　（　　）（　　　）（　　　）　　（　　　）

②その袋は 破れていますから、中の果物を 落とさないように気をつけてください。
　　（　）（　　　　）　　（　　）　（　　　）

③石が 飛んできて 窓ガラスが 割れた。
（　）（　　　）（　　　）　（　　）

④朝起きたら、 雪が 積もっていた。
　（　　　）（　　）（　　　）

⑤部屋に本だなを 置きました。
（　　）　　　　（　　　　）

⑥本だなに、本を 並べました。
　　　　　　　（　　　　）

⑦風が 強く 吹いている。 雲も 出てきた。
（　）（　）（　　　）（　）（　　）

§23

問題III　□に　漢字を　書きなさい。

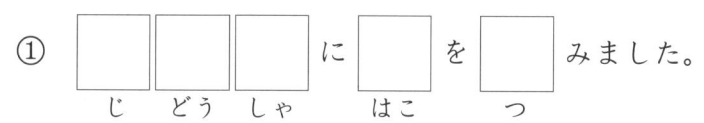

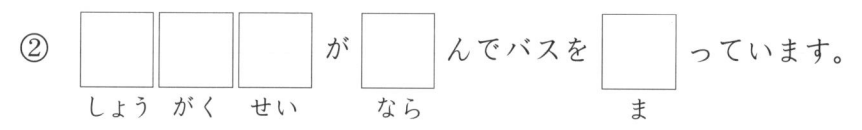

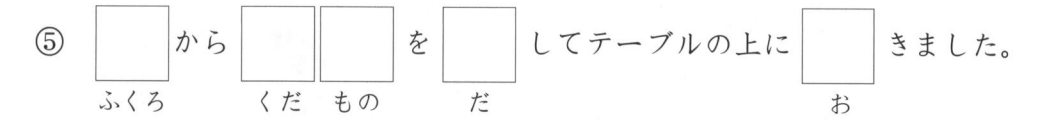

① □□□に　□を　□みました。
　　じ　どう　しゃ　　　はこ　　　つ

② □□□が　□んでバスを　□っています。
　しょう　がく　せい　　なら　　　　　　　ま

③ □びんを　□として　□ってしまいました。
　か　　　　　　お　　　　　　わ

④ ジュースに　□を　□れてください。
　　　　　　　こおり　　い

⑤ □から　□□を　□してテーブルの上に　□きました。
　ふくろ　　くだ　もの　　だ　　　　　　　　　　　お

問題IV

例：雨

§23 読む漢字

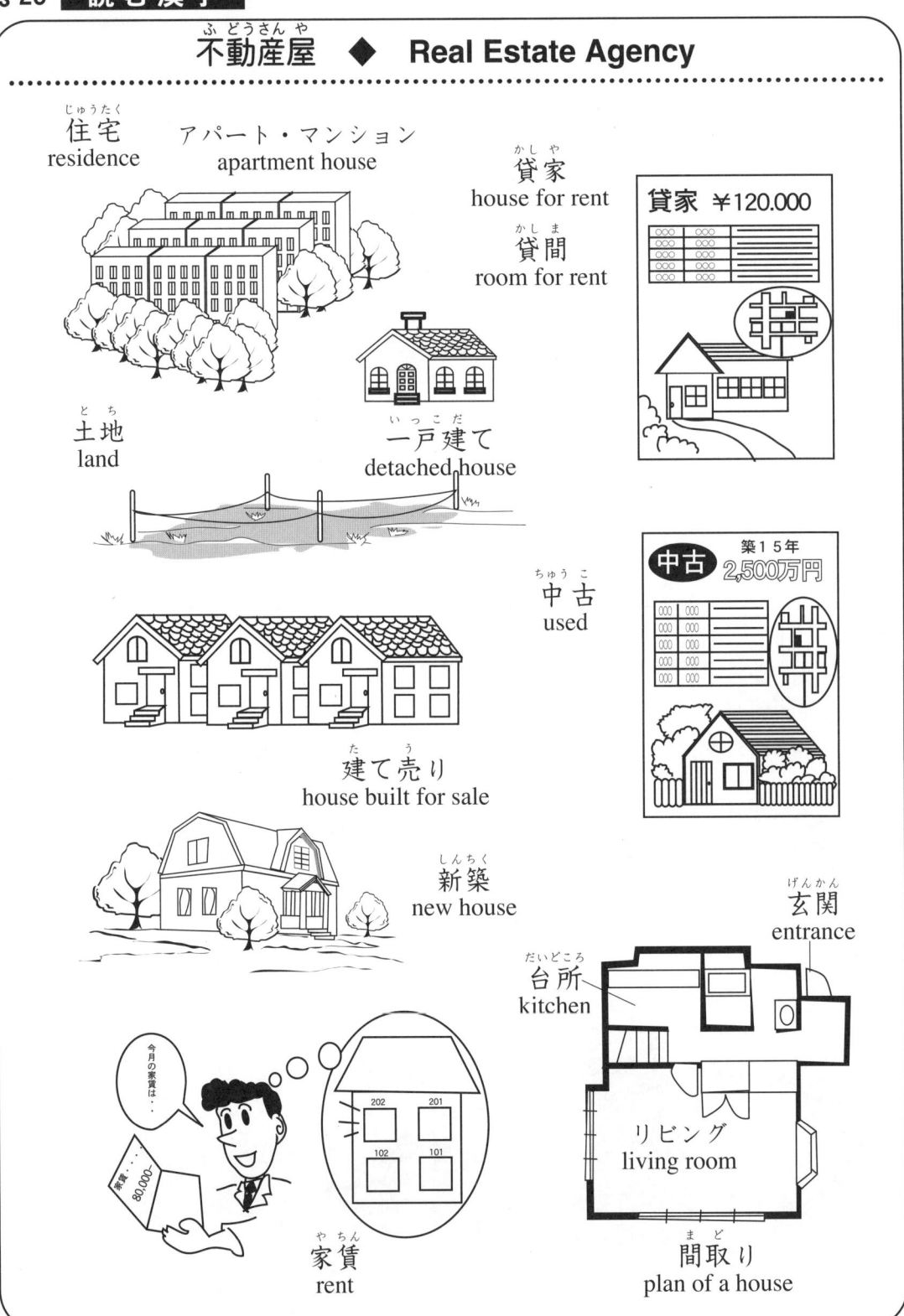

不動産屋(ふどうさんや) ◆ Real Estate Agency

- 住宅(じゅうたく) residence
- アパート・マンション apartment house
- 貸家(かしや) house for rent
- 貸間(かしま) room for rent
- 土地(とち) land
- 一戸建て(いっこだて) detached house
- 中古(ちゅうこ) used
- 建て売り(たてうり) house built for sale
- 新築(しんちく) new house
- 玄関(げんかん) entrance
- 台所(だいどころ) kitchen
- リビング living room
- 家賃(やちん) rent
- 間取り(まどり) plan of a house

Chapter 24

§24-1 練習

359 遅 おそ(い) / おく(れる) / チ

Stroke order (1-12): 一 コ 尸 尸 尸 尸 屈 屖 屖 ˋ屖 遅 遅

- 遅い　slow
- 遅れる　to be late
- 遅刻　tardy

360 痛 いた(い) / いた(む) / ツウ

Stroke order (1-11): 丶 亠 广 广 疒 疒 疒 疒 痈 痈 痛

- 痛い　painful
- 痛む　to hurt
- 頭痛　headache
- 腹痛　stomachache

361 忙 いそが(しい) / ボウ

Stroke order (1-6): 丶 丶 忄 忄 忙 忙

- 忙しい　busy

§24－2

362 難 むずか(しい) / ナン

一 十 艹 艹 芇 苩 苫 莒 堇 菓 剿 剿 斳 斳 斳 斳 難 難 難

難しい　difficult

363 弱 よわ(い) / ジャク

フ コ 弓 弓 弓 弓 弓 弱 弱 弱

弱い　weak

364 苦 くる(しい) / にが(い) / ク

一 十 艹 兯 芏 芏 苦 苦

苦しい　painful
苦い　bitter
苦労　trouble

§24－3

365 浅

あさ(い) / セン

Stroke order: 丶 冫 氵 沪 浐 浅 浅 浅

- 浅い (あさい) shallow

366 深

ふか(い) / シン

Stroke order: 丶 冫 氵 氵 汈 浐 深 深 深 深 深

- 深い (ふかい) deep
- 深夜 (しんや) late at night

367 温

あたた(かい) / あたた(める) / オン

Stroke order: 丶 冫 氵 氵 汩 沪 沪 渭 渭 温 温 温

- 温かい (あたたかい) warm
- 温める (あたためる) to warm
- 気温 (きおん) temperature
- 温度 (おんど) temperature

§24−4

368 甘 — あま(い) / カン — 一 十 廿 廿 甘

甘い　sweet

369 丸 — まる / まる(い) / ガン — ノ 九 丸

丸　circle
丸い　round

370 美 — うつく(しい) / ビ — 丶 丷 ソ 丷 ヰ 羊 羊 美 美

美しい　beautiful
美人　beautiful person
美容院　beauty salon

§24—5

371 太

- ふと（い）
- ふと（る）
- タイ
- タ

一 ナ 大 太

| 太い | fat |
| 太る | to get fat |

372 細

- ほそ（い）
- こま（かい）
- サイ

く 幺 幺 糸 糸 糸 糸 細 細 細 細

| 細い | thin |
| 細かい | small, detailed |

373 無

- な（い）
- ム
- ブ

ノ ヶ 二 午 缶 缶 無 無 無 無 無

| 無い | not to exist |
| 無料 | free of charge |

§24 問題

問題I ひらがなで 書きなさい。

① 遅い ② 痛い ③ 忙しい ④ 難しい
(   ) (   ) (   ) (   )

⑤ 弱い ⑥ 苦い ⑦ 浅い ⑧ 深い
(   ) (   ) (   ) (   )

⑨ 温かい ⑩ 甘い ⑪ 丸い ⑫ 美しい
(   ) (   ) (   ) (   )

⑬ 太い ⑭ 細い ⑮ 細かい ⑯ 遅れる
(   ) (   ) (   ) (   )

問題II ひらがなで 書きなさい。

①温かいスープです。どうぞ飲んでください。
 (   )   (   )

②山中さんは、甘い物をたくさん食べるから、太っている。
 (   ) (   )   (   )   (   )

③この丸い薬はとても苦い。
   ( ) ( )   ( )

④彼は体は弱いけれど、まじめで、学校を一度も
( )( )( )   ( )( )
休んだことがない。
( )

⑤事故で、電車が遅れました。
( ) ( ) (   )

⑥海の浅いところに美しい魚がいた。
( )( )   ( ) ( )

§24

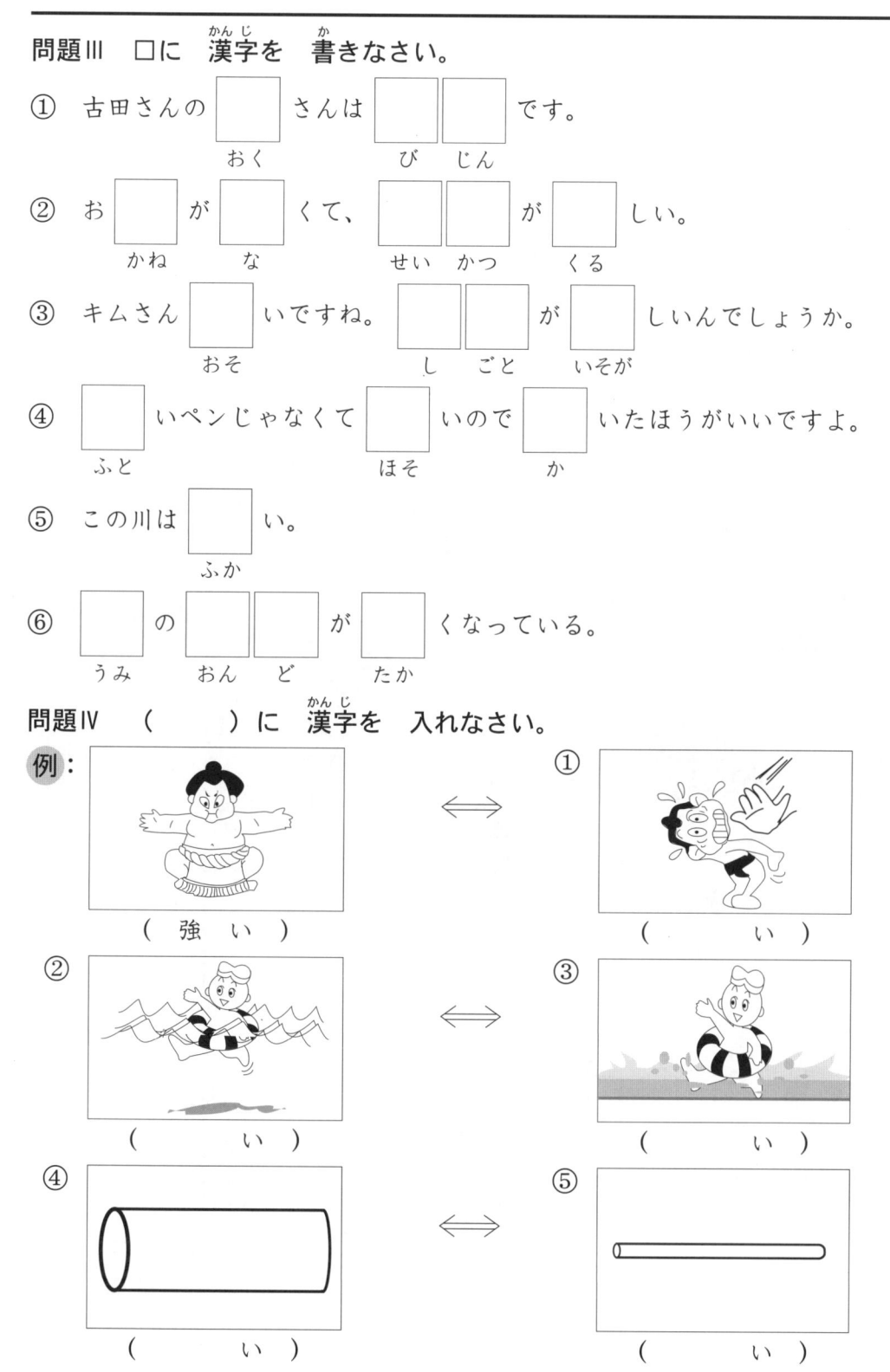

問題III　□に 漢字を 書きなさい。

① 古田さんの □(おく)さんは □□(びじん)です。

② お□(かね)が □(な)くて、□□(せいかつ)が □(くる)しい。

③ キムさん □(おそ)いですね。□□(しごと)が □(いそが)しいんでしょうか。

④ □(ふと)いペンじゃなくて □(ほそ)いので □(か)いたほうがいいですよ。

⑤ この川は □(ふか)い。

⑥ □(うみ)の □□(おんど)が □(たか)くなっている。

問題IV　(　)に 漢字を 入れなさい。

例：(強 い) ⇔ ① (　い)

② (　い) ⇔ ③ (　い)

④ (　い) ⇔ ⑤ (　い)

211

§24 読む漢字

年中行事(ねんちゅうぎょうじ) ◆ Events of the Year

1月1日
正月(しょうがつ) New Year
元日(がんじつ) New Year's Day

2月3日
節分(せつぶん)、豆(まめ)まき
Setsubun, bean-throwing ceremony

3月20日ごろ / 9月23日ごろ
お彼岸(ひがん)(春分(しゅんぶん)の日(ひ)、秋分(しゅうぶん)の日(ひ))
equinoctial week (vernal equinox, autumnal equinox)

3月3日
ひな祭(まつ)り
doll festival

5月5日
子供(こども)の日(ひ)
Children's day

7月7日
七夕(たなばた)
Tanabata

8月15日
お盆(ぼん)
O-bon

11月15日
七五三(しちごさん)
Shichi-go-san

お中元(ちゅうげん)
O-chugen, mid-year gift

お歳暮(せいぼ)
O-seibo, year-end gift

12月31日
歳末(さいまつ)、暮(く)れ
end of year, evening

Chapter 25

§25-1 練習

374 機 キ

5	6	7	8	9	10	11	12	13	14	15	16
木	朾	朾	朴	松	松	松	栤	榏	榪	機	機

- 洗濯機（せんたくき） washing machine
- 掃除機（そうじき） vacuum cleaner
- 機械（きかい） machine
- 機会（きかい） oppotunity

375 械 カイ

1	2	3	4	5	6	7	8	9	10	11
一	十	才	木	朾	朾	朾	枅	械	械	械

- 機械（きかい） machine

376 工 コウ

1	2	3
一	丁	工

- 工事（こうじ） construction
- 工場（こうじょう） factory
- 工業（こうぎょう） industry

213

§25-2

377 法 ホウ

`、 丶 氵 氵 汁 汢 法 法`

ほうほう 方法	way, method
ほうりつ 法律	law

378 配 くば(る) ハイ〈パイ〉

`一 丆 爫 覀 酉 酉 酉 配 配`

くば 配る	to hand out
はいたつ 配達	delivery
たくはいびん 宅配便	home delivery
しんぱい 心配(な)	to be worried

379 達 タツ タチ〈ダチ〉

`一 十 土 圡 圥 走 寺 幸 幸 逹 達`

はいたつ 配達	delivery
そくたつ 速達	special delivery
ともだち 友達	friend

§25－3

380 届 とど（く）／とど（ける）

Strokes: フ コ ア 尸 尸 屈 届 届

- 届く　to arrive
- 届ける　to deliver

381 通 とお（る）／とお（り）／かよ（う）／ツウ

Strokes: マ マ 了 甬 甬 甬 甬 浦 通 通

- 通る　to pass through
- 通り　road, street
- 通う　to go to and from
- 交通　traffic

382 道 みち／ドウ

Strokes: 丶 丷 丷 丷 产 产 首 首 首 道 道

- 道　street, road
- 道路　road
- 歩道　footpath
- 水道　water supply

§25－4

383 送

おく(る) / ソウ

Stroke order (1-9): 丶 ソ ソ 並 关 关 关 送 送

- 送る (おくる) to send
- 郵送 (ゆうそう) send by mail
- 送別会 (そうべつかい) farewell party

384 選

えら(ぶ) / セン

Stroke order (1-14): フ コ 己 己 己 巳 卍 𢀖 巽 巽 巽 選 選 選

- 選ぶ (えらぶ) to choose
- 選挙 (せんきょ) election

385 進

すす(む) / すす(める) / シン

Stroke order (1-11): ノ イ 亻 亻 什 件 隹 隹 '隹 進 進

- 進む (すすむ) to proceed
- 進める (すすめる) to get along with
- 進学 (しんがく) going to a higher school

§25-5

386 探 さが(す) / タン — stroke order: 一 十 扌 扌 扩 扩 押 押 押 挥 探

- 探す — to look for

387 発 ハツ ⟨ハッ⟩ ⟨パッ⟩ — stroke order: ノ フ ヌ 癶 癶 癶 癶 発 発

- 出発 — departure
- 発車 — start
- 発見 — discovery
- 発売 — sale

388 建 た(つ) / た(てる) / ケン — stroke order: フ ヲ ヨ ヨ 彐 聿 建 建 建

- 建つ — to be built
- 建てる — to build
- 建物 — building
- 建築 — construction, architecture

§25 問題

問題 I　ひらがなで　書きなさい。

① 機械（　　　　）② 工事（　　　　）③ 方法（　　　　）④ 配達（　　　　）

⑤ 届く（　　　　）⑥ 通る（　　　　）⑦ 道（　　　　）⑧ 送る（　　　　）

⑨ 選ぶ（　　　　）⑩ 進む（　　　　）⑪ 探す（　　　　）⑫ 出発する（　　　　）

⑬ 建てる（　　　　）⑭ 交通（　　　　）⑮ 道路（　　　　）⑯ 心配（　　　　）

⑰ 建物（　　　　）⑱ 機会（　　　　）⑲ 工場（　　　　）⑳ 工業（　　　　）

問題 II　ひらがなで　書きなさい。

①<u>両親</u>から　<u>荷物</u>が　<u>届いた</u>。
　（　　　）（　　　　）（　　　　）

②その<u>道</u>は　<u>工事</u>をしていて　<u>通れません</u>。まっすぐ<u>進んで</u>ください。
　　（　　）（　　　）　　　　（　　　　）　　　　（　　　　）

③<u>正しい</u>　<u>答え</u>を　<u>選んで</u>　<u>丸</u>をつけなさい。
（　　　　）（　　　）（　　　　）（　　）

④この<u>機械</u>の　<u>使い方</u>は　<u>難しい</u>。
　　（　　　）（　　　　）（　　　　）

⑤<u>毎日</u>　<u>自転車</u>で　<u>大学</u>に　<u>通って</u>います。
（　　　）（　　　　）（　　　）（　　　　）

⑥その国は<u>工業</u>がさかんだ。大きな<u>自動車</u>　<u>工場</u>もたくさんある。
　　　（　　　　）　　　　（　　　　）（　　　　）

§25

問題Ⅲ □に 漢字を 書きなさい。

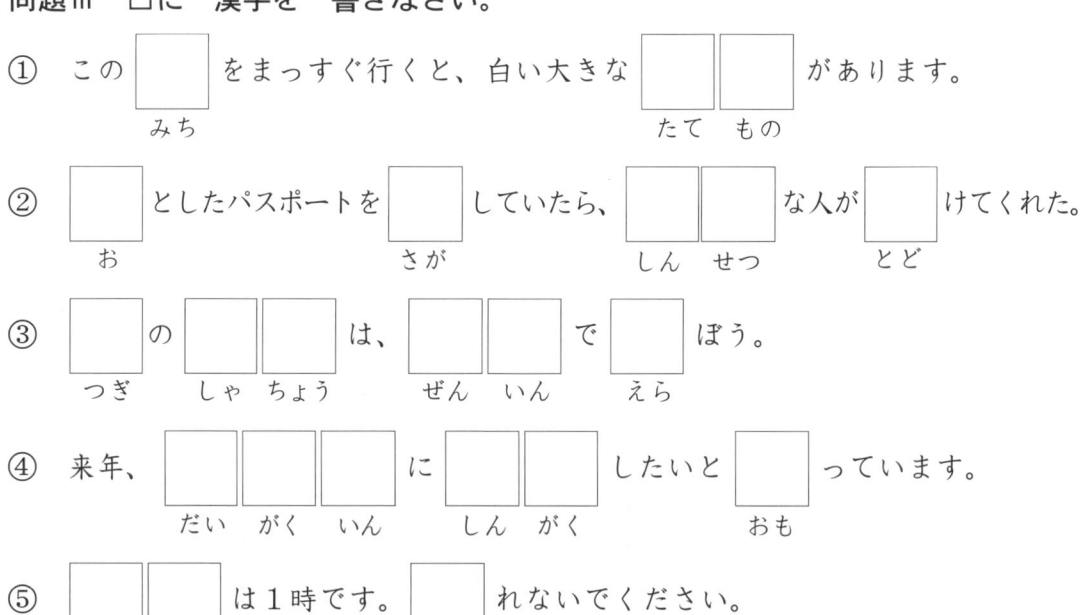

① この □(みち) をまっすぐ行くと、白い大きな □□(たてもの) があります。

② □(お)としたパスポートを □(さが)していたら、□□(しんせつ)な人が □(とど)けてくれた。

③ □(つぎ)の □(しゃちょう)は、□□(ぜんいん)で □(えら)ぼう。

④ 来年、□□□(だいがくいん)に □□(しんがく)したいと □(おも)っています。

⑤ □□(しゅっぱつ)は1時です。□(おく)れないでください。

問題Ⅳ □に「辶」のつくことばを書きなさい。

例：送る

a: 進(すす)む
b: 選(えら)ぶ
c: 配達(たつ)する
d: 通(とお)る
e: 道(みち)

§25 読む漢字

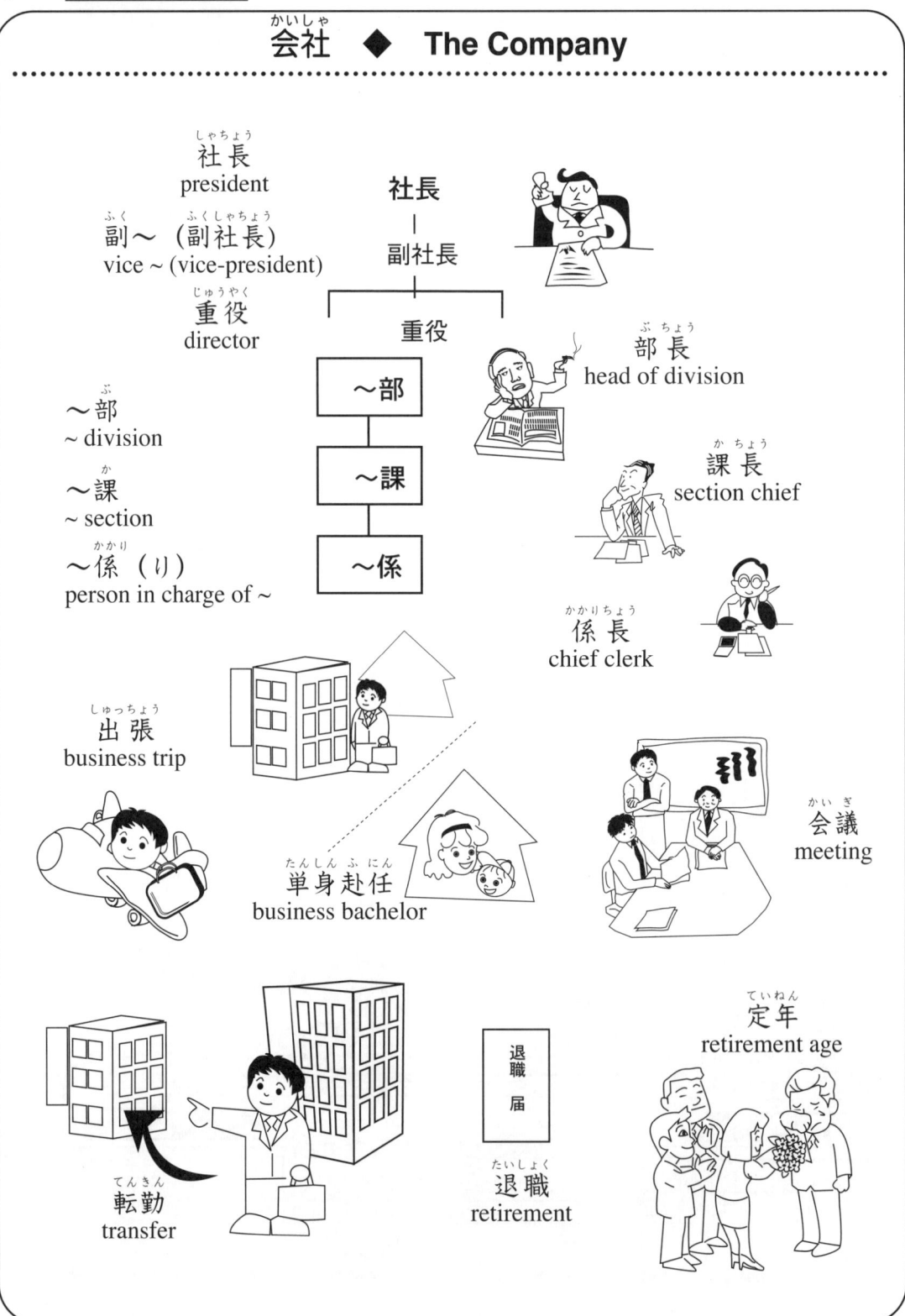

会社(かいしゃ) ◆ The Company

- 社長(しゃちょう) president
- 副〜(ふく)（副社長(ふくしゃちょう)） vice ~ (vice-president)
- 重役(じゅうやく) director
- 〜部(ぶ) ~ division
- 〜課(か) ~ section
- 〜係(かかり)（り） person in charge of ~

社長
│
副社長
│
重役
├ 〜部
├ 〜課
└ 〜係

- 部長(ぶちょう) head of division
- 課長(かちょう) section chief
- 係長(かかりちょう) chief clerk
- 出張(しゅっちょう) business trip
- 単身赴任(たんしんふにん) business bachelor
- 会議(かいぎ) meeting
- 転勤(てんきん) transfer
- 退職(たいしょく) retirement
- 定年(ていねん) retirement age

Chapter 26

§ 26-1 練習

389 特 トク

Stroke order (1-10): ノ 一 ト 牛 牛 牜 牜 特 特 特

- とく に 特に especially
- とくべつ 特別（な） special
- とっきゅう 特急 limited express

390 別 わか（れる） ベツ

Stroke order (1-7): 丶 口 口 另 另 別 別

- わか 別れる to part from
- とくべつ 特別（な） special

391 階 カイ〈ガイ〉

Stroke order (1-12): ア 了 阝 阝 阝 阝 阝 阝 階 階 階 階

- かい ～階 ～floor
- かいだん 階段 stairs

§26−2

392 紹 ショウ

1	2	3	4	5	6	7	8	9	10	11
く	幺	幺	糸	糸	糸	紀	紹	紹	紹	紹

しょうかい
紹介　introduction

393 介 カイ

1	2	3	4
ノ	人	介	介

しょうかい
紹介　introduction

394 引 ひ(く) / イン

1	2	3	4
｜	彐	弓	引

引く　to pull
引き出し　drawer
字引　dictionary
引っ越し　moving (house)

§26-3

395 越 こ(す) / こ(える) / エツ

一 十 土 キ キ キ 走 走 走 赳 越 越

越す／越える to go over
引っ越し moving (house)

396 招 まね(く) / ショウ

一 ナ 扌 扫 扣 招 招 招

招く to invite
招待 invitation
招待状 letter of invitation

397 頼 たの(む) / たよ(る) / ライ

一 ニ 戸 市 東 束 束 束 栴 桺 頼 頼 頼 頼 頼

頼む to ask

§26—4

398 断 ことわ(る) / ダン

Stroke order: 丶 丷 亠 半 米 米 迷 迷 断 断 断

- 断る　to refuse
- 横断歩道　pedestrion crossing

399 留 リュウ / ル

Stroke order: 丿 𠃊 厶 幻 切 切 留 留 留 留

- 留学　study abroad
- 留守　being out
- 留守番　looking after the house (during a person's absence)

400 守 まも(る) / シュ / ス

Stroke order: 丶 丷 宀 宀 守 守

- 守る　to protect, to keep
- 留守　being out
- 留守番　looking after the house (during a person's absence)
- 留守番電話　answering machine

§26-5

401　夕　ユウ
ノ　ク　夕

- 夕方 (ゆうがた) evening
- 夕飯 (ゆうはん) dinner

402　品　しな / ヒン
丨　口　口　口　口　品　品　品　品

- 品物 (しなもの) goods
- 製品 (せいひん) product
- 食料品 (しょくりょうひん) food, food stuff

403　器　うつわ / キ
丨　口　口　口　口口　口口　二　另　哭　哭　哭　器　器　器

- 器 (うつわ) container
- 食器 (しょっき) tableware

§26 問題

問題Ⅰ ひらがなで 書(か)きなさい。

① 引っ越し ② 留守 ③ 紹介 ④ 招待
（　　　）　（　　　）　（　　　）　（　　　）

⑤ 特別 ⑥ 階段 ⑦ 食器 ⑧ 夕方
（　　　）　（　　　）　（　　　）　（　　　）

⑨ 品物 ⑩ 食料品 ⑪ 字引 ⑫ 製品
（　　　）　（　　　）　（　　　）　（　　　）

⑬ 頼む ⑭ 別れる ⑮ 断る ⑯ 守る
（　　　）　（　　　）　（　　　）　（　　　）

⑰ 招く ⑱ 越える ⑲ 引く ⑳ 留守番
（　　　）　（　　　）　（　　　）　（　　　）

問題Ⅱ ひらがなで 書(か)きなさい。

① 工場で 製品が 作られる。
　（　　　）（　　　）（　　　）

② 電車を 降りて、 友だちと 別れた。
　（　　　）（　　　）（　　　）（　　　）

③ 日本料理は 作り方が 難しい。 特に、てんぷらは難しくて作れない。
　（　　　）（　　　）（　　　）（　　　）

④ 映画にさそわれたが、 都合が 悪いので 断った。
　（　　　）　　　　（　　　）（　　　）（　　　）

⑤ 約束は 必ず 守ろう。
　（　　　）（　　　）（　　　）

⑥ この店の 商品は、ほかの店より2、3割安い。
　　（　）（　　　）　　　　　（　　　）

⑦ デパートの食料品 売り場は、たいてい 地下1階にある。
　　　　　（　　　）（　　　）　　　　（　　　）

⑧ これは、 特別に作らせたかばんだから、どこにも売っていない。
　　　　（　　　　）　　　　　　　　　　　（　　　）

⑨ このドアは、 引いて 開けます。
　　　　　　（　　　）（　　　）

§26

問題Ⅲ □に 漢字を 書きなさい。

① このドアは、押さないで□いてください。

② このスーパーは、□料□が安い。

③ 来週引っ□しをします。新しい住所は「新宿区西新宿1-2-3」です。

④ 母に買い物を□まれたが、忙しかったので□った。

⑤ あの方はお友達ですか。□□してください。

⑥ □□番電話に「また電話します」というメッセージを入れた。

⑦ パーティーに□□された。どんな服を着て行こうか。

§26 **読む漢字**

経済（けいざい）、金融（きんゆう） ◆ Economics, Finance

物価（ぶっか） prices

値段（ねだん） price (of an article)

値引（ねび）き discount

安売（やすう）り bargain

割（わ）り引（び）き discount

利息（りそく） interest

景気（けいき） business condition

税務署（ぜいむしょ） tax office

税金（ぜいきん） tax

消費税（しょうひぜい） consumption tax

Chapter 27

§27-1 練習

404 産 う(む) / サン

Stroke order: 丶 亠 产 立 产 产 产 产 斉 産 産

- 産む to give birth to
- 生産 manufacture
- 産地 place of production

405 輸 ユ

Stroke order: 一 丆 т 亍 百 亘 車 軒 軒 軒 軡 輪 輪 輪 輪 輸

- 輸出 export
- 輸入 import

406 米 こめ / ベイ / マイ

Stroke order: 丶 丷 丷 平 米 米

- 米 rice
- 米国 U.S.A.
- 日米 Japan and America

229

§27－2

407 麦 むぎ

Strokes: 一 十 キ 主 主 麦 麦

麦 (むぎ) barley, wheat

408 然 ゼン／ネン

Strokes: ノ ク タ タ ター 外 炊 狀 狀 狀 然 然

自然 (しぜん) nature
天然 (てんねん) natural

409 植 う(える)／ショク

Strokes: 一 十 オ 木 木 木 村 枦 枯 柿 植 植

植える (うえる) to plant
植物 (しょくぶつ) plant

§27－3

410 交
まじ(わる) / コウ
一 亠 ナ 六 方 交

交通 traffic
交差点 crossing
交番 police box

411 勝
か(つ) / ショウ
丿 刀 月 月 月′ 月° 胖 胖 胖 胖 勝 勝

勝つ to win
勝利 victory
勝負 game

412 負
ま(ける) / フ〈ブ〉
丿 ク 个 各 各 角 自 負 負

負ける to lose, to be beaten
勝負 game

§27－4

413 報 ホウ

一 十 土 キ 去 去 去 幸 幸 却 報 報

- 報告 report
- 予報 forecast
- 天気予報 weather forecast

414 告 コク

ノ ⺊ 斗 生 生 告 告

- 報告 report
- 広告 advertisement

415 昔 むかし

一 十 廾 卄 芈 昔 昔 昔

- 昔 long time ago

§27－5

416 性
セイ / ショウ

Stroke order: 丶 ハ 忄 忄 忙 性 性 性

読み方	意味
せい 性	sex
じょせい 女性	female
だんせい 男性	male
せいしつ 性質	nature

417 商
ショウ

Stroke order: 丶 亠 市 立 产 产 产 商 商 商 商

読み方	意味
しょうばい 商売	business
しょうてん 商店	store
しょうひん 商品	goods

418 未
ミ

Stroke order: 一 二 キ 未 未

読み方	意味
みらい 未来	future

§27 問題

問題Ⅰ　ひらがなで　書きなさい。

① 昔（　　　）② 自然（　　　）③ 報告（　　　）④ 日米（　　　）
⑤ 植物（　　　）⑥ 商店（　　　）⑦ 生産（　　　）⑧ 輸入（　　　）
⑨ 性質（　　　）⑩ 交通（　　　）⑪ 未来（　　　）⑫ 麦（　　　）
⑬ 男性（　　　）⑭ 勝利（　　　）⑮ 勝負（　　　）⑯ 勝つ（　　　）
⑰ 負ける（　　　）⑱ 天気予報（　　　）⑲ 広告（　　　）⑳ 性別（　　　）

問題Ⅱ　ひらがなで　書きなさい。

①私は、この町でもう30年も　米屋の　商売をしている。
　　　　　（　　）　　　　　（　　　）（　　　）

②部長に　出張の　報告をしなければならない。
（　　　）　　　　（　　　）

③米国に　留学していた　兄が　帰国した。
（　　　）（　　　　　）（　　）（　　　）

④この会社では　女性社員のほうが　男性社員より多い。
　　（　　　）（　　　　　）　（　　　　　）

⑤和歌山県はみかんの産地です。
　　　　　　　　　（　　　）

⑥祖父は庭に　花をたくさん植えて、ガーデニングを楽しんでいる。
（　　）（　　）　　　（　　　）　　　　　　（　　　）

⑦ここは、昔　　海だった。
　　　　（　　）（　　　）

§27

問題III　□に 漢字を 書きなさい。

例：　夏 ⇔ 冬

① □つ ⇔ 負ける

② 輸□ ⇔ 輸□

③ □ ⇔ 今 ⇔ □□

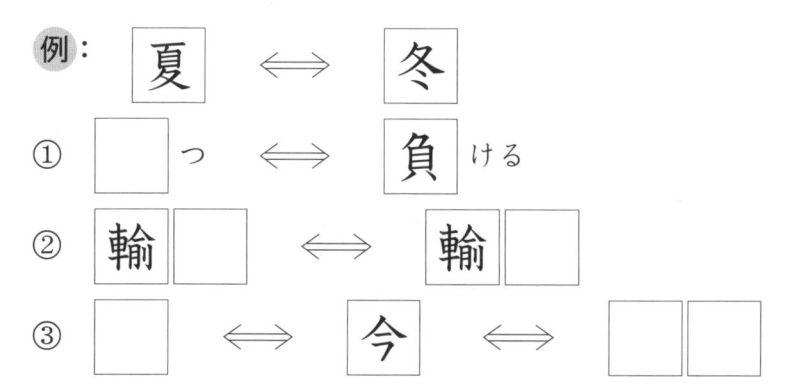

問題IV　□に 漢字を 書きなさい。

① この町は □通 が不便なので、車を持っている人が多い。

② この工場ではテレビやビデオを 生□ している。

③ 日本酒は □ から作られる。ビールは □ から作られる。

④
a　□□　しぜん
b　□□　どうぶつ
c　□□　しょくぶつ

§27 読む漢字

専門分野(せんもんぶんや) ◆ Special Fields

- 経済(けいざい) economics
- 経営(けいえい) manegement
- 法律(ほうりつ) law
- 美術(びじゅつ) art
- 歴史(れきし) history
- 政治(せいじ) politics
- 文学(ぶんがく) literature
- 物理(ぶつり) physics
- 化学(かがく) chemistry
- 生物(せいぶつ) biology
- 数学(すうがく) mathematics

Chapter 28

§28−1 練習

419 表

おもて / ヒョウ 〈ピョウ〉

一 十 キ 主 圭 丰 耒 表

- おもて 表 — front side
- ひょう 表 — list, table
- ひょうし 表紙 — cover
- はっぴょう 発表 — presentation, announcement

420 渡

わた(る) / わた(す) / ト

丶 丶 氵 氵 汒 沪 浐 浐 浐 渡 渡 渡

- わた 渡る — to cross
- わた 渡す — to give, to hand in

421 曲

ま(がる) / キョク

丨 冂 巾 曲 曲 曲

- ま 曲がる — to turn
- きょく 曲 — music, piece

§28-2

422 角 かど／カク

Strokes: ノ ク ア 介 角 角 角

- 角 (かど) corner
- 三角 (さんかく) triangle
- 四角 (しかく) square

423 橋 はし

Strokes: 木 朽 朽 朽 朽 朽 椞 椞 梊 橋 橋 橋 橋

- 橋 (はし) bridge

424 側 がわ／ソク

Strokes: ノ イ 仁 仃 但 俱 俱 俱 俱 側 側

- 右側 (みぎがわ) right side
- 外側 (そとがわ) outside
- 内側 (うちがわ) inside
- 両側 (りょうがわ) both sides

§28－3

425 点 テン

` 丨 卜 ト 占 占 占 点 点 点 `

- 点 (てん) point
- 〜点 (てん) ~ points
- 満点 (まんてん) perfect score
- 交差点 (こうさてん) crossing

426 黄 キ / オウ

` 一 十 廾 艹 芅 苗 苗 苗 黄 黄 `

- 黄色(い) (きいろ) yellow

427 横 よこ / オウ

` 木 朾 杧 栏 栏 栏 梼 梼 梼 構 横 横 `

- 横 (よこ) side
- 横浜 (よこはま) Yokohama
- 横断歩道 (おうだんほどう) pedestrian crossing

§28-4

428 黒 くろ(い) / コク

Stroke order: 1 ロ 日 日 甲 甲 里 黒 黒 黒 黒

黒(い) black

429 和 ワ

Stroke order: 一 二 千 千 禾 禾 和 和

- 和服 (わふく) Japanese-style clothes
- 和食 (わしょく) Japanese-style food
- 和風 (わふう) Japanese style
- 平和 (へいわ) peace

430 局 キョク

Stroke order: ㇇ コ 尸 尸 局 局 局

- 郵便局 (ゆうびんきょく) post office
- 入国管理局 (にゅうこくかんりきょく) Immigration Department

§ 28 − 5

431 向
- む(こう)
- む(かい)
- コウ

Strokes: ノ 丿 冂 向 向 向

- 向こう — over there
- 向かい — the opposite side
- 方向 (ほうこう) — direction

432 番
- バン

Strokes: ノ ⺍ 丷 平 平 采 采 番 番 番

- 〜番 (ばん) — No. 〜
- 番号 (ばんごう) — number
- 順番 (じゅんばん) — order
- 交番 (こうばん) — police box

433 号
- ゴウ

Strokes: 丶 口 口 弓 号

- 〜号 (ごう) — No. 〜
- 〜号車 (ごうしゃ) — Car No. 〜
- 番号 (ばんごう) — number

§28　問題

問題I　ひらがなで 書(か)きなさい。

① 右側（　　　）　② 郵便局（　　　）　③ 番号（　　　）　④ 横（　　　）
⑤ 和服（　　　）　⑥ 橋（　　　）　⑦ 向かい（　　　）　⑧ 順番（　　　）
⑨ 平和（　　　）　⑩ 三角（　　　）　⑪ 和風（　　　）　⑫ 5号車（　　　）
⑬ 黄色い（　　　）　⑭ 黒い（　　　）　⑮ 表側（　　　）　⑯ 四角（　　　）
⑰ 入国管理局（　　　）　⑱ 100点（　　　）　⑲ 交差点（　　　）　⑳ 表紙（　　　）
㉑ 渡る（　　　）　㉒ 角を 曲がる（　　）（　　　）　㉓ 満点（　　　）　㉔ 方向（　　　）

問題II　ひらがなで 書(か)きなさい。

① 橋を 渡って、すぐ 右に 曲がると、左側に 郵便局がある。
　（　）（　　）　　（　）　（　　）　（　　）　（　　）

② このホテルの 朝ご飯は、洋食か 和食か、どちらかを 選ぶことができる。
　　　　　　　（　　　）（　　）（　　）　　　　（　　）

③ 新幹線の「ひかり」124号大阪行きは 13番線ホームから出ます。
　（　　　）　　　（　　）　　　（　　　）

④ 6号車から 12号車までは禁煙車(きんえんしゃ)です。
　（　　　）（　　　）

⑤ あの交差点の 向こうにある 和風の 家が私の家です。
　　（　　　）（　　　）　（　　）（　）

⑥ 試験は400点満点です。70パーセントの点が取れるように、がんばりましょう。
　（　）　（　　）　　　　　　　（　　）

⑦ 和服は、着るのに 時間がかかる。
　（　　）（　　）（　　）

⑧ 順番ですから、並んで お待ちください。
　（　　　）（　　）（　　）

⑨ まるい顔、四角い 顔、いろいろな形の顔がある。
　　　　　（　　）（　）　　　　（　）

§28

問題III □に 漢字を 書きなさい。

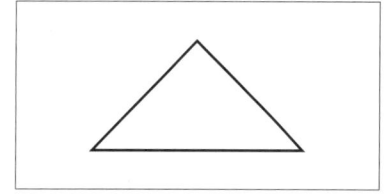

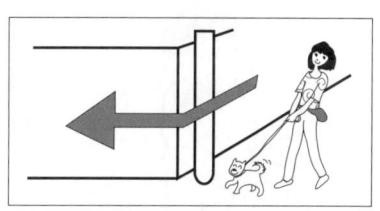

① 三□

② □を□る。

③ □を□る。

④ A「あの人、速いね。」
　 B「あ、あの 6□の人ね。」

⑤ 仕事の予定は この 予定□ に書きます。

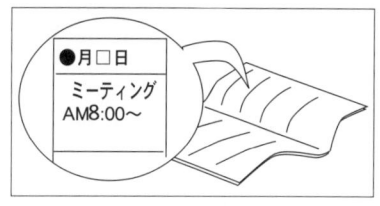

⑥ 病院の □かいは、郵便□です。

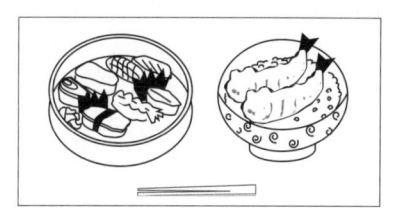

⑦ □食

§28 読む漢字

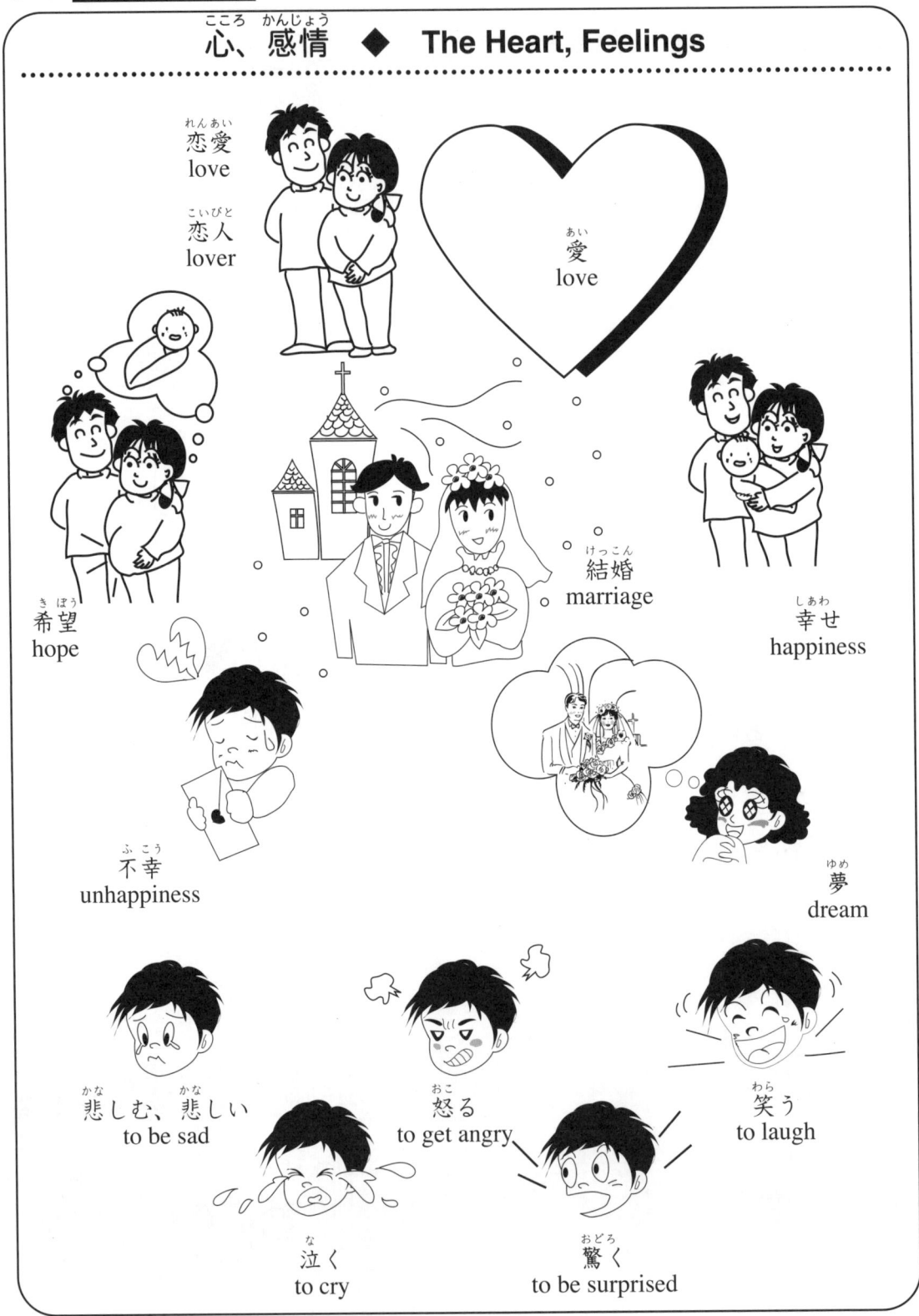

心(こころ)、感情(かんじょう) ◆ The Heart, Feelings

- 恋愛(れんあい) love
- 恋人(こいびと) lover
- 愛(あい) love
- 希望(きぼう) hope
- 結婚(けっこん) marriage
- 幸(しあわ)せ happiness
- 不幸(ふこう) unhappiness
- 夢(ゆめ) dream
- 悲(かな)しむ、悲(かな)しい to be sad
- 怒(おこ)る to get angry
- 笑(わら)う to laugh
- 泣(な)く to cry
- 驚(おどろ)く to be surprised

244

Chapter 29

§29－1 練習

434 原 はら / ゲン

一 厂 厂 厂 厉 厉 盾 原 原 原

- 原っぱ (はら) field
- 野原 (のはら) field
- 原因 (げんいん) cause

435 因 イン

｜ 冂 冂 因 因 因

- 原因 (げんいん) cause

436 危 あぶ(ない) / キ

ノ ク 产 产 名 危

- 危ない (あぶない) dangerous
- 危険 (きけん) danger

§29-2

437 険 けわ(しい) / ケン

Stroke order: フ ⻖ ⻖ ⻖ ⻖ 陈 险 险 険 険 険

- 険しい　steep
- 危険(な)　danger/dangerous

438 失 うしな(う) / シツ〈シッ〉

Stroke order: ノ ⺧ ⺧ 失 失

- 失う　to loose
- 失敗　failure

439 敗 ハイ〈パイ〉

Stroke order: 丨 冂 冃 月 目 貝 貝 貝 貯 敗 敗

- 失敗　failure

§29−3

440 反 ハン

筆順: 一 厂 反 反

反対（はんたい） opposite

---

441 対 タイ

筆順: 丶 ㇒ 又 文 対 対 対

反対（はんたい） opposite

---

442 増 ふ(える) / ふ(やす) / ま(す) / ゾウ

筆順: 一 十 圡 圡 圡 圴 坳 坳 増 増 増 増 増 増

増える／増やす
to increase

§29－4

443 減
- へ(る) / へ(らす) / ゲン
- Stroke order (12 strokes): 丶 冫 氵 氵 汈 沉 沉 沉 減 減 減
- 減る／減らす　to decrease

444 最
- もっと(も) / サイ
- Stroke order (11 strokes): 一 冂 円 日 旦 早 早 昌 昌 最 最
- 最も　most
- 最初　the first
- 最後　the last
- 最高　best, highest

445 以
- イ
- Stroke order (5 strokes): 丨 以 以 以 以
- ～以上　more than ～
- ～以下　less than ～
- ～以外　except ～
- ～以内　within ～

§29−5

446 疲 つか(れる) / ヒ

Stroke order: 丶 亠 广 广 疒 疒 疒 疒 疲 疲

疲れる　to be tired

447 代 か(わる) / ダイ

Stroke order: ノ 亻 仁 代 代

代わる　to take the place of
〜代　price, charge for 〜

448 費 ヒ

Stroke order: 一 二 弓 弗 弗 弗 弗 費 費 費 費 費

〜費　expense for 〜
費用　cost

§29 問題

問題I　ひらがなで　書(か)きなさい。

① 反対（　　　）② 危険（　　　）③ 最初（　　　）④ 費用（　　　）
⑤ 〜以上（　　　）⑥ 〜以下（　　　）⑦ 〜以外（　　　）⑧ 〜以内（　　　）
⑨ 食費（　　　）⑩ 最高（　　　）⑪ 最後（　　　）⑫ 減る（　　　）
⑬ 増える（　　　）⑭ 代わる（　　　）⑮ 疲れる（　　　）⑯ 危ない（　　　）
⑰ 最も（　　　）⑱ 部屋代（　　　）⑲ 失敗（　　　）⑳ 原因（　　　）

問題II　ひらがなで　書(か)きなさい。

① 危ない(　　)ですから　黄色い(　　)　線(　　)の　内側(　　)まで　下(　　)がってください。

② 6歳(　　)　以下(　　)のお子さんは無料(　　)です。

③ 部屋代(　　)は　毎月25日(　　)までに　大家(　　)さんに　払う(　　)。

④ 今の仕事(　　)は　危険(　　)だし、疲れる(　　)ので、やめたいと思って(　　)いる。

⑤ 東京は食料品(　　)が　高い(　　)ので、東京へ来てから食費(　　)が　増えた(　　)。

⑥ 事故(　　)の　原因(　　)はまだわかっていない。

⑦ 最初(　　)の　問題(　　)はやさしかったが、最後(　　)の問題は難しくて(　　)　失敗(　　)した。

⑧ 今度(　　)の　旅行(　　)は出張(しゅっちょう)だから、費用(　　)は　会社(　　)が　出して(　　)くれる。

⑨ 私の意見(　　)に　反対(　　)の　方(　　)は、どうぞ反対意見をおっしゃってください。

⑩ A「ええと…、カレーライスとサラダ。それから、コーヒーも…」
　 B「ご注文(　　)は　以上(　　)でよろしいすか。」

§29

問題III □に 漢字を 書きなさい。

① 「右」の □□ は、「左」です。

② 今日は朝から忙しかったので、とても □ れた。少し休もう。

③ 山口さんが病気で休んだので、私が □ わって、彼女の仕事をした。

④ 失敗の 原□ は、よく注意しなかったことです。

⑤ 毎日運動をすれば、体重が □ るだろう。

⑥ 大家さんに 部屋□ を払った。

問題IV □に 漢字を 書きなさい。

例： 右 ⇔ 左

① 安全 ⇔ □□

② □□ ⇔ 最低

③ 最□ ⇔ □後

④ 18歳□上 ⇔ 18歳□下

⑤ □える ⇔ 減る

§29 読む漢字

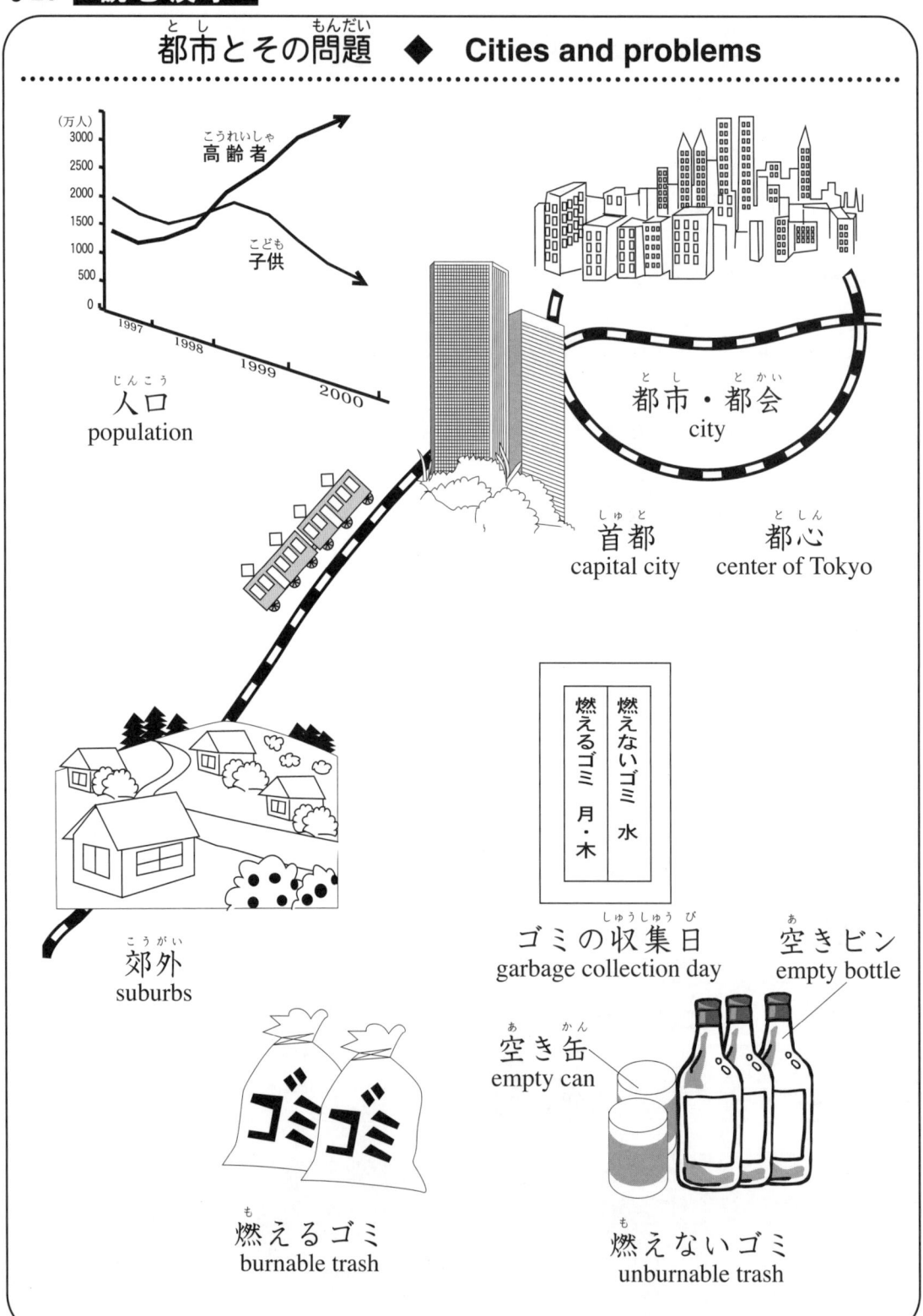

都市(とし)とその問題(もんだい) ◆ Cities and problems

(万人)

高齢者(こうれいしゃ)

子供(こども)

人口(じんこう)
population

都市・都会(とし・とかい)
city

首都(しゅと)
capital city

都心(としん)
center of Tokyo

燃えないゴミ　水
燃えるゴミ　月・木

ゴミの収集日(しゅうしゅうび)
garbage collection day

空(あ)きビン
empty bottle

空(あ)き缶(かん)
empty can

郊外(こうがい)
suburbs

燃(も)えるゴミ
burnable trash

燃(も)えないゴミ
unburnable trash

Chapter 30

§30-1 練習

449 組
- くみ / ソ
- 組 class
- Strokes: く 幺 幺 幺 糸 糸 糽 紀 紀 組 組

450 化
- ば(ける) / カ / ケ
- 化学 chemistry
- 化粧 make-up
- Strokes: ノ イ イ 化

451 定
- テイ
- 定期／定期券 season ticket / commuter ticket
- 定食 set meal
- Strokes: 丶 丷 宀 宀 宁 宁 定 定

§30−2

452 光 ひかり / コウ

Stroke order: 1 丨 丷 业 屵 光

光 ひかり	light
光線 こうせん	ray

453 式 シキ

Stroke order: 一 二 テ 工 式 式

式 しき	ceremony
結婚式 けっこんしき	wedding ceremony
洋式 ようしき	Western style
和式 わしき	Japanese style

454 宅 タク

Stroke order: 丶 宀 宀 宀 宅

お宅 おたく	your/someone's home
宅配便 たくはいびん	home delivery

§30-3

455 礼 レイ

Strokes: 丶 ⁻ ネ ネ 礼

- お礼(れい) thanks
- 礼金(れいきん) key money

456 申 もう(す)／シン

Strokes: 丨 冂 日 日 申

- ～と申(もう)します My name is ~.

457 平 たい(ら)／ヘイ

Strokes: 一 ⁻ 丆 立 平

- 平(たい)ら(な) flat
- 平成(へいせい) Heisei period
- 平和(へいわ) peace

§30−4

458 身 み / シン
Strokes: ノ 亻 竹 自 身 身

- 身長（しんちょう） height

459 続 つづ(く) / つづ(ける) / ゾク
Strokes: く 幺 幺 糸 糸 糸 糸⁻ 糸丶 糸圭 続 続 続

- 続く／続ける（つづく／つづける） to continue
- 手続き（てつづき） procedures, formalities
- 連続（れんぞく） continuation

460 結 むす(ぶ) / ケツ〈ケッ〉
Strokes: く 幺 幺 糸 糸 糸 糸⁻ 糸丶 結 結 結 結

- 結ぶ（むすぶ） to tie together
- 結婚（けっこん） marriage
- 結果（けっか） result

§30−5

461 洗
- あら(う)
- セン

Stroke order (1-9): 丶 丷 氵 汁 汁 浐 洸 洗

- 洗（あら）う — to wash
- 洗濯（せんたく） — washing

462 活
- カツ〈カッ〉

Stroke order (1-9): 丶 丷 氵 汁 汁 汗 活 活

- 生活（せいかつ） — life, living

463 必
- かなら(ず)
- ヒツ〈ヒッ〉

Stroke order (1-5): 丶 丷 必 必 必

- 必（かなら）ず — without fail
- 必要（ひつよう）(な) — necessary

§30 問題

問題I ひらがなで 書(か)きなさい。

① お礼 (　　　) ② お宅 (　　　) ③ 定期券(けん) (　　　) ④ 洗濯 (　　　)
⑤ 結婚式 (　　　) ⑥ 光 (　　　) ⑦ 化粧 (　　　) ⑧ 生活 (　　　)
⑨ 定食 (　　　) ⑩ 化学 (　　　) ⑪ 平成 (　　　) ⑫ 組 (　　　)
⑬ 礼金 (　　　) ⑭ 連続 (　　　) ⑮ 必要 (　　　) ⑯ 平和 (　　　)
⑰ 光線 (　　　) ⑱ 身長 (　　　) ⑲ 宅配便 (　　　) ⑳ 結果 (　　　)
㉑ 反対 (　　　) ㉒ 続ける (　　　) ㉓ 結ぶ (　　　) ㉔ 洗う (　　　)
㉕ 必ず (　　　)

問題II ひらがなで 書(か)きなさい。

①私は平田(ひらた)と申します。どうぞよろしくお願いします。
　　　　　　　　　(　　　　　)

②点と点を　結ぶと、　線になる。
(　)(　　　)(　　)

③身長は160センチ、体重は85キロ？ それじゃ、太りすぎですよ。
(　　　)　　(　　　　)　　　　　　(　　　　)

④ちょっとお礼にうかがいたいんですが、明日お宅にいらっしゃいますか。
　　　　(　　　)　　　　　　　　　　　(　　　　)

⑤このレストランの昼の　定食は安くて、おいしい。
　　　　　　　　(　)(　　)

⑥平成元年(がんねん)は1988年です。
(　　　)

⑦荷物が　明日　必ず　着くように、宅配便で　送りました。
(　　)(　　　)(　　　)(　　　)(　　　　)(　　　　)

⑧外国人が　増えたので、洋式のトイレが多くなった。
(　　　　)(　　　)(　　　)(　　)

⑨あの子は2年3組の　生徒です。
(　　)(　　)(　　　)

⑩ビザをもらうために、いろいろな手続きが　必要です。
　　　　　　　　　　　　　　(　　　)(　　　)

§30

問題Ⅲ　□に 漢字を 書きなさい。

① 太陽の □ が強いので、ぼうしをかぶった。

② 妹はかがみの前で □粧 をしています。

③ 今年の5月は、休みが5日も 連□ する。

④ □濯□ が動かないので、

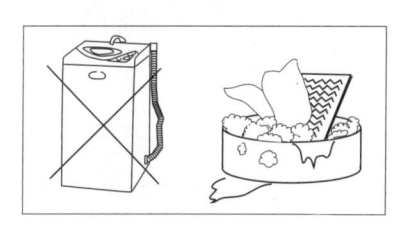

　　手で □ った。

⑤ 兄は会社の研究所で □□学 の研究を
　　している。

⑥ A「私たち結婚します。」

　　B「そうですか。おめでとう。

　　　□□ は、いつですか。」

259

§30 **読む漢字**

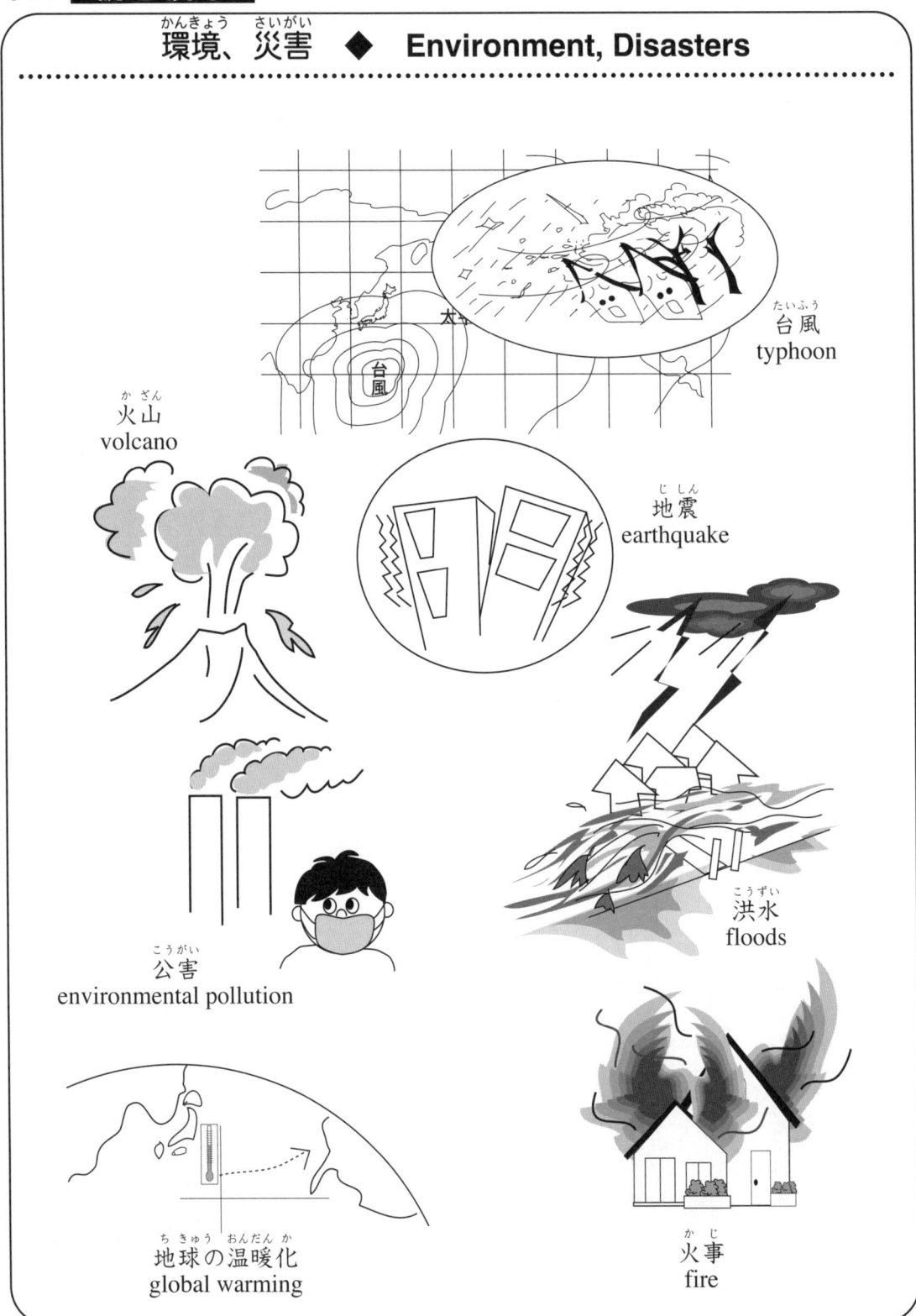

かんきょう さいがい
環境、災害　◆　Environment, Disasters

たいふう
台風
typhoon

かざん
火山
volcano

じしん
地震
earthquake

こうずい
洪水
floods

こうがい
公害
environmental pollution

ちきゅう おんだんか
地球の温暖化
global warming

かじ
火事
fire

INDEX（音訓索引）

あ（います）	会 ----- 53			医 ----- 151
あ（う）	合 ----- 189			以 ----- 248
あ（がります）	上 ----- 37	い（います）		言 ----- 69
あ（きます）	空 ----- 87	い（きます）		行 ----- 31
	開 ----- 96	い（れます）		入 ----- 40
あ（けます）	開 ----- 96	いえ		家 ----- 54
あ（げます）	上 ----- 37	イク		育 ----- 191
あ（ります）	有 ----- 69	いけ		池 ----- 161
あい	相 ----- 174	いし		石 ----- 198
	合 ----- 189	いそ（ぎます）		急 ----- 95
あいだ	間 ----- 33	いそが（しい）		忙 ----- 205
あお	青 ----- 65	いた（い）		痛 ----- 205
あか	赤 ----- 64	いた（む）		痛 ----- 205
あか（るい）	明 ----- 61	いち		市 ----- 159
あき	秋 ----- 126	イチ		一 ----- 16
アク	悪 ----- 152	イッ		一 ----- 16
あさ	朝 ----- 77	いつ		五 ----- 17
あさ（い）	浅 ----- 207	いと		糸 ----- 197
あし	足 ----- 48	いぬ		犬 ----- 141
あじ	味 ----- 118	いま		今 ----- 32
あそ（ぶ）	遊 ----- 183	いもうと		妹 ----- 72
あたた（かい）	温 ----- 207	いろ		色 ----- 73
あたた（める）	温 ----- 207	イン		院 ----- 79
あたま	頭 ----- 49			音 ----- 87
あたら（しい）	新 ----- 63			員 ----- 177
あつ（い）	熱 ----- 127			引 ----- 222
	暑 ----- 128			因 ----- 245
あつ（まる）	集 ----- 184	ウ		雨 ----- 97
あつ（める）	集 ----- 184	う（える）		植 ----- 230
あと	後 ----- 39	う（ける）		受 ----- 110
あに	兄 ----- 71	う（つ）		打 ----- 185
あね	姉 ----- 72	う（まれます）		生 ----- 23
あぶ（ない）	危 ----- 245	う（む）		産 ----- 229
あま	雨 ----- 97	う（ります）		売 ----- 93
あま（い）	甘 ----- 208	うえ		上 ----- 37
あめ	雨 ----- 97	うお		魚 ----- 142
あら（う）	洗 ----- 257	うご（く）		動 ----- 103
ある（きます）	歩 ----- 77	うし		牛 ----- 141
アン	暗 ----- 61	うし（ろ）		後 ----- 39
	安 ----- 61	うしな（う）		失 ----- 246
	案 ----- 125	うた		歌 ----- 143
イ	意 ----- 117	うた（う）		歌 ----- 143

261

うち	内	125	おも	主	192
うつ（す）	写	102	おもて	表	237
うつ（る）	映	143	おや	親	81
うつく（しい）	美	208	およ（ぐ）	泳	137
うつわ	器	225	オン	音	87
うみ	海	160		温	207
ウン	運	104	おんな	女	22
	雲	104	カ	火	24
エ	会	199		下	37
え	絵	143		家	54
	笑	191		花	88
エイ	英	86		科	111
	泳	137		夏	126
	映	143		歌	143
エキ	駅	53		果	177
エツ	越	223		化	253
えら（ぶ）	選	216	ガ	画	144
エン	円	41	か	日	21
	遠	65	か（います）	買	93
	園	79	か（える）	変	133
オ	汚	135	か（きます）	書	57
お（きる）	起	101	か（します）	貸	94
お（く）	置	199	か（つ）	勝	231
お（す）	押	136	か（ります）	借	94
お（ちる）	落	201	か（わる）	変	134
お（とす）	落	201		代	249
お（ります）	降	96	カイ	会	53
お（わる）	終	117		開	96
オウ	黄	239		回	129
	横	239		絵	143
おお（い）	多	145		界	160
おお（きい）	大	39		海	160
オク	屋	89		械	213
おく	奥	192		階	221
おく（る）	送	216		介	222
おく（れる）	遅	205	ガイ	外	80
おし（える）	教	112		階	221
おそ（い）	遅	205	かえ（します）	返	94
おと	音	87	かえ（ります）	帰	31
おとうと	弟	72		返	94
おとこ	男	22	かお	顔	149
おな（じ）	同	169	がお	顔	149
おぼ（える）	覚	135	カク	覚	135
おも（い）	重	133		画	144
おも（う）	思	121		角	238

ガク	学	22		器	225
	楽	87		危	245
かず	数	145	き（える）	消	134
かぜ	風	198	き（きます）	聞	55
かぞ（える）	数	145	き（く）	利	175
かた	方	81	き（ます）	来	31
がた	方	81	き（める）	決	113
かた（ります）	語	70	き（ります）	切	81
かたち	形	70	き（る）	着	153
カツ	割	201	きた	北	158
	活	257	きたな（い）	汚	135
カッ	活	257	きっ	切	81
ガッ	学	22	きみ	君	125
ガツ	月	24	キャク	客	144
かど	角	238	キュウ	九	18
かなら（ず）	必	257		休	22
かね	金	25		急	95
かの	彼	193		吸	135
かみ	紙	57		究	165
	神	136	ギュウ	牛	141
がみ	紙	57	キョ	去	46
かよ（う）	通	215	ギョ	魚	142
から	空	87	キョウ	強	57
からだ	体	149		兄	71
かる（い）	軽	133		教	112
かれ	彼	193	ギョウ	行	31
かわ	川	47		形	73
がわ	川	47		業	109
がわ	側	238	キョク	曲	237
カン	間	33		局	240
	漢	118	キン	金	25
	寒	128	キン	近	65
	館	144	ギン	銀	54
	甘	208	く（る）	来	31
ガン	元	69	ク	九	18
	顔	149		区	158
	丸	208		苦	206
かんが（える）	考	112	グ	具	151
き	木	25	クウ	空	87
	黄	239	くだ（ります）	下	37
キ	帰	31	くち	口	47
	気	49	ぐち	口	47
	起	101	くに	国	41
	喜	190	くば（る）	配	214
	機	213	くみ	組	253

263

くも	雲	199	こ（す）	越	223
くら（い）	暗	61	こ（ない）	来	31
くる（しい）	苦	206	コウ	校	23
くるま	車	45		行	31
くろ（い）	黒	240		口	47
クン	君	125		高	62
ゲ	下	37		広	62
	外	80		公	78
け（す）	消	134		降	96
ケイ	兄	71		考	112
	形	73		港	161
	軽	133		工	213
	計	169		交	231
ケッ	決	113		向	241
	欠	119		光	254
	結	256	ゴウ	合	189
ケツ	決	113		号	241
	欠	119	こえ	声	73
	結	256	ごえ	声	73
ゲツ	月	24	こおり	氷	197
けわ（しい）	険	246	コク	国	41
ケン	間	33		告	232
	見	55		黒	240
	験	110	ゴク	国	41
	犬	141	ここの	九	18
	県	159	こころ	心	150
	研	165	こた（え）	答	168
	建	217	こた（える）	答	168
	険	246	こと	言	69
ゲン	間	33		事	80
	元	69	ごと	事	80
	言	69	ことわ（る）	断	224
	原	245	こま（かい）	細	209
	減	248	こま（る）	困	190
こ	小	39	こめ	米	229
	子	45	コン	今	32
コ	今	32		困	190
	古	64	ゴン	言	69
	個	128	サ	左	38
	呼	181		作	93
ゴ	五	17		茶	142
	後	39	さ（がります）	下	37
	午	40	さ（げます）	下	37
	語	70	サイ	西	157
こ（える）	越	223		細	209

		最 ---------- 248		治 ---------- 152
ザイ		西 ---------- 157	し（ぬ）	死 ---------- 182
さか		酒 ---------- 153	し（まります）	閉 ---------- 97
さが（す）		探 ---------- 217	し（らせ）	知 ---------- 184
さかな		魚 ---------- 142	し（らせる）	知 ---------- 184
さき		先 ---------- 23	し（る）	知 ---------- 184
サク		作 ---------- 93	シキ	式 ---------- 254
さけ		酒 ---------- 153	しず（か）	静 ---------- 176
ザッ		雑 ---------- 173	した	下 ---------- 37
ザツ		雑 ---------- 173	シチ	七 ---------- 18
さま		様 ---------- 193	シツ	室 ---------- 112
さむ（い）		寒 ---------- 128		質 ---------- 167
サン		三 ---------- 16		失 ---------- 246
		山 ---------- 47	シッ	失 ---------- 246
		算 ---------- 169	ジッ	十 ---------- 19
		散 ---------- 184	ジツ	日 ---------- 21
		産 ---------- 229	しな	品 ---------- 225
ザン		山 ---------- 47	シャ	車 ---------- 45
		算 ---------- 169		社 ---------- 53
シ		四 ---------- 17		写 ---------- 102
		私 ---------- 33		者 ---------- 151
		子 ---------- 45		捨 ---------- 182
		紙 ---------- 57	ジャ	社 ---------- 53
		姉 ---------- 72	シャク	借 ---------- 94
		仕 ---------- 80	ジャク	若 ---------- 133
		使 ---------- 86		弱 ---------- 206
		試 ---------- 109	シャッ	借 ---------- 94
		始 ---------- 117	シュ	手 ---------- 48
		思 ---------- 121		酒 ---------- 153
		指 ---------- 150		取 ---------- 181
		市 ---------- 159		主 ---------- 192
		誌 ---------- 173		守 ---------- 224
		止 ---------- 181	ジュ	授 ---------- 109
		死 ---------- 182		受 ---------- 110
		糸 ---------- 197	シュウ	週 ---------- 30
ジ		時 ---------- 29		終 ---------- 117
		事 ---------- 80		習 ---------- 119
		寺 ---------- 89		秋 ---------- 126
		持 ---------- 95		拾 ---------- 182
		自 ---------- 103		集 ---------- 184
		地 ---------- 104	ジュウ	十 ---------- 19
		辞 ---------- 111		住 ---------- 88
		字 ---------- 118		重 ---------- 133
		次 ---------- 120		拾 ---------- 182
		耳 ---------- 149	シュク	宿 ---------- 167

シュツ	出	40	す（う）	吸	135
シュッ	出	40	す（てる）	捨	182
ジュッ	十	19	す（みます）	住	88
シュン	春	126	スイ	水	24
ジュン	準	166	スウ	数	145
ショ	書	57	ズウ	数	145
	所	88	すえ	末	129
	暑	128	すく（ない）	少	145
ジョ	女	22	すこ（し）	少	145
	所	88	すす（む）	進	216
	助	185	すす（める）	進	216
ショウ	小	39	セ	世	159
	消	134	セイ	生	23
	少	145		青	65
	正	168		声	73
	相	174		晴	97
	笑	191		西	157
	紹	222		世	159
	招	223		正	168
	勝	231		静	176
	性	233		性	233
	商	233	セキ	赤	64
ジョウ	上	37		席	120
	乗	96		石	198
	場	189		積	200
ショク	食	56	セッ	説	173
	植	230		石	198
ショッ	食	56		積	200
しら（べる）	調	121	セツ	切	81
しろ（い）	白	64		説	173
シン	新	63		雪	199
	親	81	セン	千	19
	寝	101		先	23
	真	102		線	105
	神	136		船	105
	心	150		浅	207
	深	207		選	216
	進	216		洗	257
	申	255	ゼン	前	38
	身	256		全	110
ジン	人	21		然	230
	神	136	ソ	祖	192
ス	守	224		組	253
ズ	頭	49	ソウ	走	77
	図	121		早	137

		相 ------ 174	ただ（しい）	正 ------ 168
		送 ------ 216	タチ	達 ------ 214
ゾウ		増 ------ 247	ダチ	達 ------ 214
ソク		足 ------ 48	タツ	達 ------ 214
		速 ------ 137	たの（しい）	楽 ------ 87
		側 ------ 238	たの（む）	頼 ------ 223
ゾク		足 ------ 48	たび	旅 ------ 89
		族 ------ 193	たよ（る）	頼 ------ 223
		続 ------ 256	タン	短 ------ 63
そだ（つ）		育 ------ 191		探 ------ 217
そだ（てる）		育 ------ 191	ダン	男 ------ 22
そと		外 ------ 80		談 ------ 174
そら		空 ------ 87		断 ------ 224
た		田 ------ 46	チ	地 ------ 104
タ		多 ------ 145		治 ------ 152
		太 ------ 209		池 ------ 161
だ		田 ------ 46		知 ------ 184
ダ		打 ------ 185		置 ------ 199
た（します）		足 ------ 48		遅 ------ 205
だ（します）		出 ------ 94	ち	千 ------ 19
た（つ）		立 ------ 101	ち（る）	散 ------ 184
		建 ------ 217	ちい（さい）	小 ------ 199
た（てる）		建 ------ 217	ちか（い）	近 ------ 65
た（べます）		食 ------ 56	ちから	力 ------ 150
た（ります）		足 ------ 48	ちち	父 ------ 71
タイ		大 ------ 39	チャ	茶 ------ 142
		貸 ------ 94	チャク	着 ------ 153
		待 ------ 95	チュウ	中 ------ 37
		台 ------ 103		昼 ------ 78
		体 ------ 149		注 ------ 185
		袋 ------ 197	チョウ	町 ------ 55
		太 ------ 197		長 ------ 63
		対 ------ 247		朝 ------ 77
ダイ		大 ------ 39		調 ------ 121
		弟 ------ 72		鳥 ------ 141
		台 ------ 103	チョク	直 ------ 152
		題 ------ 167	ツ	都 ------ 158
		代 ------ 249	つ（く）	着 ------ 153
たい（ら）		平 ------ 255	つ（む）	積 ------ 200
たお（す）		倒 ------ 200	つ（もる）	積 ------ 200
たお（れる）		倒 ------ 200	つ（れる）	連 ------ 165
たか（い）		高 ------ 62	ツウ	痛 ------ 205
タク		宅 ------ 254		通 ------ 215
たす（かる）		助 ------ 185	つか（います）	使 ------ 86
たす（ける）		助 ------ 185	つか（れる）	疲 ------ 249

267

つき	月	24	とお（る）	通	215
つぎ	次	120	とき	時	29
つく（る）	作	93	トク	特	221
つた（える）	伝	189	ドク	読	70
つた（わる）	伝	189	ところ	所	88
つち	土	25	とし	年	29
つづ（く）	続	256	トッ	特	221
つづ（ける）	続	256	とど（く）	届	215
つめ（たい）	冷	127	とど（ける）	届	215
つよ（い）	強	57	とも	友	45
て	手	48	とり	鳥	141
で（ます）	出	40	な	名	41
テイ	低	62	な（い）	無	209
	定	253	な（く）	泣	191
テツ	鉄	104	ナイ	内	125
てら	寺	89	なお（す）	治	152
テン	天	49		直	152
	店	54	なお（る）	治	152
	転	105		直	152
	点	239	なか	中	37
デン	電	46	なが（い）	長	63
	伝	189	なつ	夏	126
ト	図	121	なな	七	18
	都	158	なに	何	30
	登	190	なの	七	18
	渡	237	なみ	並	200
ド	土	25	なら（う）	習	119
	度	129	なら（ぶ）	並	200
と（い）	問	168	なら（べる）	並	200
と（じます）	閉	97	なん	何	30
と（ぶ）	飛	183	ナン	南	157
と（まる）	止	181		難	206
と（める）	止	181	ニ	二	16
と（る）	取	181		日	21
トウ	冬	127	にが（い）	苦	63
	東	157	ニク	肉	142
	答	168	にし	西	157
	倒	200	ニチ	日	21
ドウ	動	103	ニッ	日	21
	同	169	ニュウ	入	40
	働	183	ニン	人	21
	道	215	ぬし	主	192
とお	十	19	ね（る）	寝	101
とお（い）	遠	65	ネッ	熱	127
とお（り）	通	215	ネツ	熱	127

ネン	年	29		飯	85
	然	230		反	247
の	野	161	バン	万	20
の（みます）	飲	56		番	241
の（ります）	乗	96	ひ	日	21
のぼ（る）	登	190		火	24
のぼ（ります）	上	201	ヒ	飛	183
ハ	破	201		疲	249
ば	場	189		費	249
は（たす）	果	177	び	日	21
は（れ）	晴	97		火	24
ば（ける）	化	253	ビ	備	166
ハイ	配	214		美	208
	敗	246	ひ（える）	冷	127
バイ	売	93	ひ（く）	引	222
	買	93	ひ（やす）	冷	127
パイ	配	214	ひがし	東	157
	敗	246	ひかり	光	254
はい（ります）	入	40	ひく（い）	低	62
はか（る）	計	169	ひだり	左	38
ハク	白	64	ヒツ	必	257
ハコ	箱	174	ヒッ	必	257
バコ	箱	174	ひと	一	16
はこ（ぶ）	運	104		人	21
はし	橋	238	ヒャク	百	19
はじ（まる）	始	117	ヒャッ	百	19
はじ（める）	始	117	ヒョウ	氷	197
はし（ります）	走	77		表	237
はたら（く）	働	183	ビョウ	病	79
ハチ	八	18	ピョウ	表	237
ハッ	八	18	ひら（きます）	開	96
	発	217	ひる	昼	78
ハツ	発	217	ひろ（い）	広	62
パツ	発	217	ひろ（う）	拾	182
はな	花	88	ヒン	品	225
はな（します）	話	70	ビン	便	175
はなし	話	70	フ	父	71
はは	母	71		不	175
はや（い）	早	137		負	231
	速	137		部	111
はら	原	245	ブ	無	209
はら（う）	払	134		負	231
はる	春	136	ふ（える）	増	247
はれ（ます）	晴	57	ふ（く）	吹	198
ハン	半	30	ふ（やす）	増	247

269

ふ（る）	降 ------- 96	ポン	本 ------- 21	
フウ	風 ------- 198	ま	間 ------- 33	
ふか（い）	深 ------- 207		真 ------- 102	
フク	服 ------- 153	ま（がる）	曲 ------- 237	
	復 ------- 177	ま（ける）	負 ------- 231	
プク	復 ------- 177	ま（す）	増 ------- 247	
ふくろ	袋 ------- 197	ま（ちます）	待 ------- 95	
ぶくろ	袋 ------- 197	マイ	毎 ------- 33	
ふた	二 ------- 16		妹 ------- 72	
ブツ	物 ------- 86		枚 ------- 102	
ふと（い）	太 ------- 209		米 ------- 229	
ふと（る）	太 ------- 209	まえ	前 ------- 38	
ふね	船 ------- 105	まじ（わる）	交 ------- 231	
ふゆ	冬 ------- 127	まち	町 ------- 55	
ふる（い）	古 ------- 64	マツ	末 ------- 129	
フン	分 ------- 29	まね（く）	招 ------- 223	
ブン	分 ------- 29	まも（る）	守 ------- 224	
	聞 ------- 55	まる	丸 ------- 208	
	文 ------- 120	まる（い）	丸 ------- 208	
プン	分 ------- 29	マン	万 ------- 20	
へ（らす）	減 ------- 248	ミ	味 ------- 118	
へ（る）	減 ------- 248		未 ------- 233	
ヘイ	閉 ------- 97	み	三 ------- 16	
	並 ------- 200		身 ------- 256	
	平 ------- 255	み（せます）	見 ------- 55	
ベイ	米 ------- 229	み（ます）	見 ------- 55	
ベツ	別 ------- 221	みぎ	右 ------- 38	
ヘン	返 ------- 94	みじか（い）	短 ------- 63	
	変 ------- 134	みず	水 ------- 24	
ベン	勉 ------- 56	みせ	店 ------- 54	
	便 ------- 175	みっ	三 ------- 16	
ホ	歩 ------- 77	みち	道 ------- 215	
ボ	母 ------- 71	みなと	港 ------- 161	
ホウ	方 ------- 81	みなみ	南 ------- 157	
	法 ------- 214	みみ	耳 ------- 149	
	報 ------- 232	みやこ	都 ------- 158	
ボウ	忘 ------- 136	ム	無 ------- 209	
	忙 ------- 205	む（かい）	向 ------- 241	
ほか	外 ------- 80	む（こう）	向 ------- 241	
ホク	北 ------- 158	むい	六 ------- 17	
ボク	北 ------- 158	むかし	昔 ------- 232	
ほそ（い）	細 ------- 209	むぎ	麦 ------- 230	
ホッ	北 ------- 158	むす（ぶ）	結 ------- 256	
ホン	本 ------- 21	むずか（しい）	難 ------- 206	
ボン	本 ------- 21	むっ	六 ------- 17	

め	目	48		用	176
メイ	名	41		様	193
	明	61	よこ	横	239
めし	飯	85	よご（す）	汚	135
も（ちます）	持	95	よご（れる）	汚	135
もう（す）	申	255	よっ	四	17
モク	木	25	よる	夜	78
	目	48	よろこ（ぶ）	喜	190
モツ	物	86	よん	四	17
もっと（も）	最	248	よわ（い）	弱	206
もと	本	21	ライ	来	31
もの	物	86		頼	223
	者	151	ラク	楽	87
				絡	166
モン	文	120		落	201
	問	168			
や	八	18	リ	理	85
	家	54		利	175
	屋	89	リツ	立	101
ヤ	夜	78	リュウ	留	224
	野	161	リョ	旅	89
ヤク	約	113	リョウ	料	85
やす（い）	安	61		両	176
やす（みます）	休	32	リョク	力	150
やっ	八	18	ル	留	224
やど	宿	167	レイ	冷	127
やぶ（る）	破	201		礼	255
やぶ（れる）	破	201	レン	練	119
やま	山	47		連	165
ユ	輪	229	ロク	六	17
ユウ	右	38	ロッ	六	17
	友	45	ワ	話	70
	有	69		和	240
	遊	183	わ（かります）	分	29
	夕	225	わ（けます）	分	29
ゆき	雪	199	わ（る）	割	201
ゆび	指	150	わ（れる）	割	201
よ	四	17	わか（い）	若	133
	夜	78	わか（れる）	別	221
	世	159	わす（れる）	忘	136
	予	113	わた（す）	渡	237
ヨ	呼	181	わた（る）	渡	237
よ（ぶ）	読	70	わたくし	私	33
よ（みます）	八	18	わたし	私	33
よう	曜	32	わら（う）	笑	191
ヨウ	洋	160	わる（い）	悪	152

271

◆翻　訳　：アンドリュー・タイ
◆イラスト：沢田明美・島村真司
◆デザイン・文字制作：高原はるみ

にほんご90日　漢字ノート
90 Days of Japanese Language　Kanji notes

2000年12月10日 初版発行　　2023年7月31日 第11刷発行

著　者　：星野恵子／辻　和子／村澤慶昭©
発行者　：片岡　研
印刷所　：大野印刷株式会社
　　発行所　：UNICOM Inc.（株）ユニコム
　　Tel:(03)5496-7650 Fax:(03)5496-9680
　　〒153-0064　東京都目黒区下目黒1-2-22-702
　　http://www.unicom-lra.co.jp

Printed in Japan

『漢字ノート』練習問題の解答

チャプター1

問題 I
①おとこ ②おんな ③にほん／にっぽん
④にほんじん／にっぽんじん ⑤がくせい
⑥せんせい ⑦がっこう ⑧げつようび
⑨かようび ⑩すいようび ⑪もくようび
⑫きんようび ⑬どようび ⑭にちようび
⑮つき ⑯ひ ⑰みず ⑱き ⑲きん／かね
⑳つち

問題 II
①にほんじん／にっぽんじん
②もくようび
③がくせい、せんせい、おとこ
④どようび、にちようび、がっこう
⑤せんげつ、にほん／にっぽん、アメリカじん
⑥ごがつじゅうににち、きんようび

問題 III
a 男 b 女 c 学校 d 先生
e 学生 f 月 g 日 h 木 i 土
j 火 k 水 l お金

チャプター2

問題 I
①わたし ②まいにち ③こんしゅう
④らいねん ⑤まいつき／まいげつ
⑥こんげつ ⑦いきます ⑧かえります
⑨きます ⑩やすみます ⑪じかん
⑫さんじ ⑬じゅうにじ ⑭くじ
⑮じゅうじはん ⑯なんようび
⑰きゅうふん ⑱ことし ⑲ぎんこう
⑳きょう

問題 II
①わたし、まいにち、ろくじはん
②きょう、いちじ、ぎんこう、いきます
③まいにち、よじかん、げつようび、すいようび、やすみ
④ことし、しがつよっか、きました
⑤らいねん、くがつ、かえります
⑥いま、よじよんぷん

問題 III
① a 八時 b 七時半
  c 六時十五分
  d 三時四十分
  e 五時六分
② a 行きます b 来ます c 帰ります

問題 IV
① 十月九日（じゅうがつここのか）
② 十月十四日（じゅうがつじゅうよっか）
③ 先週、木曜日（せんしゅう）（もくようび）

チャプター3

問題 I
①うえ ②した ③みぎ ④ひだり
⑤おおきい ⑥ちいさい ⑦でます
⑧はいります ⑨くに ⑩なか ⑪ちゅうごく
⑫なまえ ⑬ごぜん ⑭ごご ⑮おとな
⑯だいがく ⑰ちゅうがっこう
⑱しょうがっこう ⑲いれます ⑳ひゃくえん

問題Ⅱ
①おんなのひと、ちゅうごく、だいがく、せんせい
②おおきい、なか、ちいさい、いれます
③ほん、にせんろっぴゃくよんじゅうえん
④まいしゅう、ごご
⑤わたし、うえ、みぎ
⑥せんしゅう、くに、きました、いきました
⑦らいねん、しがつ、しょうがっこう、はいります

問題Ⅲ
① 前 ② 左 ③ 後ろ ④ 上、小
⑤ 下、大

問題Ⅳ
① 私 名前 ② 入ります
③ 午後

チャプター4

問題Ⅰ
①こども ②くるま ③でんしゃ ④た
⑤きょねん ⑥め ⑦くち ⑧て ⑨あし
⑩あたま ⑪てんき ⑫やま ⑬かわ
⑭ともだち ⑮いりぐち ⑯でぐち ⑰みぎて
⑱ひだりて ⑲じょうず ⑳へた

問題Ⅱ
①でぐち、いりぐち
②でんしゃ、きました
③きょねん、こども、うまれました、おとこのこ
④やま、うえ、した、かわ、たんぼ
⑤きょう、てんき、ともだち、くるま、いきます
⑥め、おおきくて、あし、あたま
⑦ひだりて
⑧じょうず、へた

問題Ⅲ
a 目 b 頭 c 足 d 手 e はな
f みみ g 大人 h 子 i 山 j 川
k 田 l 天気 m 天気

チャプター5

問題Ⅰ
①えき ②かいしゃ ③あいます ④いえ
⑤ぎんこう ⑥たべます ⑦のみます
⑧みます ⑨ききます ⑩かきます
⑪べんきょうします ⑫かみ ⑬てがみ
⑭みせ ⑮きっさてん

問題Ⅱ
①いえ、かいしゃ、さんじゅっぷん
②えき、まえ、ぎんこう
③ともだち、あいました、ふたり、のみました、たべました
④にちようび、いえ／うち、みたり、きいたり、てがみ、かいたり
⑤べんきょう
⑥まち、おおきい、かいしゃ
⑦えき、なか、たべもの、みせ

問題Ⅲ
① a 見 b 聞 c 書 d 食 e 飲
f 会

②a 家　b 銀行　c 店　d 駅
　e 電車　f 会社

チャプター6
問題Ⅰ
①あかるい　②くらい　③やすい　④たかい
⑤ひくい　⑥ひろい　⑦ながい　⑧みじかい
⑨あたらしい　⑩ふるい　⑪しろい　⑫あかい
⑬あおい　⑭ちかい　⑮とおい

問題Ⅱ
①きょう、しんぶん、みました
②でんしゃ、なか、こうちょうせんせい、
　あいました
③わたし、やすい、ふるくて、がっこう、
　とおい
④あおい、あかい
⑤あたらしい、えき、ちかく、ひろくて、
　あかるい
⑥しんがっき、しがつ
⑦ともだち、おとこ、あかちゃん、うまれま
　した

問題Ⅲ
① 社長、家、広
② 青、長、赤、短
③ 国、遠、日本、何時間
④ 白、車、新
⑤ 高、山

問題Ⅳ
①－安 い－やすい
②－暗 い－くらい
③－短 い－みじかい
④－低 い－ひくい

チャプター7
問題Ⅰ
①げんき　②ゆうめい　③いいます　④はな
します　⑤にほんご　⑥よみます　⑦ちち
⑧はは　⑨あに　⑩おとうと　⑪あね
⑫いもうと　⑬いろ　⑭かたち　⑮こえ

問題Ⅱ
①くに、おとうさん、おかあさん、げんき
②いもうと、ちいさい、こえ、ほん、よんで
③あに、だいがく、にほんご、べんきょう
④わたし、くるま、いろ、あか
⑤きょうだい、なんにん
⑥おにいさん、ゆうめい、せんせい
⑦あたらしい、かたち

問題Ⅲ
① 国、有名、町
② 毎朝、新聞、読
③ 色、形
④ 電話、母、話
⑤ 父、元気、声、大

問題Ⅳ

	「私の〜」		「あなたの〜」	
	漢字	読みかた	漢字	読みかた
例	父	ちち	お父さん	おとうさん

a	母	はは	お母さん	おかあさん	
b	兄	あに	お兄さん	おにいさん	
c	姉	あね	お姉さん	おねえさん	
d	弟	おとうと	弟さん	おとうとさん	
e	妹	いもうと	妹さん	いもうとさん	

チャプター8

問題Ⅰ
①あるきます ②はしります ③きります
④あさ ⑤ひる ⑥よる ⑦こうえん
⑧びょういん ⑨しごと ⑩そと ⑪おや
⑫よみかた

問題Ⅱ
①まいにち、がっこう、あるいて、きます
②あさ、よる、そと、しごと
③ちち、あさ、こうえん、はしって
④せんせい、いま、びょうき、にゅういん
⑤かた、しんせつ
⑥ちゅうしょく、たべに、いきましょう
⑦ちちおや、にほん、ははおや、くに

問題Ⅲ
① 公園、行、行、方
② 昼、仕事、夜
③ 手紙、切手
④ 歩、走
⑤ 外国

問題Ⅳ

a 病院　b 朝　c 昼　d 夜

チャプター9

問題Ⅰ
①りょうり ②ごはん ③どうぶつ
④えいご ⑤つかう ⑥おと ⑦たのしい
⑧くうき ⑨じゅうしょ ⑩はなや
⑪りょうきん ⑫ゆうりょう

問題Ⅱ
①にほんご、えいご、はなして
②にほんりょうり、たべました
③わたし、いえ、きんじょ、ふるい、おてら
④よる、へや、おんがく、ききました
⑤がいこく、りょこう、いって、もの、
　みました
⑥きょう、てんき、そら、あおくて

問題Ⅲ
① 使、住所、名前、書
② 妹、音楽、料理
③ 花屋
④ 旅行、楽
⑤ 飯、食、出

問題Ⅳ
① 住所　② 料金　③ 空気

チャプター10

問題Ⅰ
①かいます ②うります ③つくります

④かします ⑤かります ⑥かえします
⑦まちます ⑧もちます ⑨いそぎます
⑩のります ⑪おります／ふります
⑫あけます ⑬しめます ⑭はれます
⑮あめ

問題Ⅱ
①えき、ばいてん、のみもの、かいました
②せんしゅう、かりた、ほん、かえします
③あめ、ふって、まど、しめましょう
④きゅうこうでんしゃ、のります、いそいで
⑤もって、まっていて
⑥はれて、きゅうに、そら、くらく
⑦みせ、まえ、くるま、おりました

問題Ⅲ
① 作文 、 書 、 見
② 弟 、 外 、 作
③ 貸 、 今 、 使
④ 急行電車 、 来 、 待
⑤ 朝 、 雨 、 降

問題Ⅳ
① 貸 す ←→ 借 りる
② 乗 る ←→ 降 りる
③ 開 ける ←→ 閉 める

チャプター11

問題Ⅰ
①ねる ②たつ ③うごく ④おきる
⑤じどうしゃ ⑥ふね ⑦ちかてつ
⑧うんどう ⑨うんてん ⑩しゃしん
⑪せん ⑫いちまい ⑬いちだい

問題Ⅱ
①あめのひ、じてんしゃ、のりません
②ちかてつ、あたらしい、せん、のりました
③まいあさ、おきてから、うんどう
④じどうしゃ、うんてん
⑤がいこく、ふね、しゃしん
⑥たなか、くるま、にだい、もって
⑦きって、じゅうまい
⑧にちようび、ひる、ねます

問題Ⅲ
① 寝 ② 自動車 台
③ 写真 ④ 起 ⑤ 運動 ⑥ 船

チャプター12

問題Ⅰ
①じしょ ②しけん ③じゅぎょう
④よやく ⑤へや ⑥かがく ⑦じゅけん
⑧ぜんぶ ⑨きょうかしょ ⑩やくそく
⑪あんぜん ⑫よてい ⑬きょうしつ
⑭うける ⑮きめる ⑯おしえる
⑰かんがえる ⑱うけつけ ⑲しあい
⑳こうぎょう

問題Ⅱ
①やくそく、じかん、ごご
②らいねん、だいがく、しけん、うけます
③きょうかしょ、じしょ、いれました
④おとうと、じゅけんべんきょう
⑤かんがえて、きめて
⑥いっぽん、ぜんぶ、のみました

⑦りょこう、よやく
⑧ちゅうごくご、おしえて

問題Ⅲ

①辞書 ②全部 ③考えて
④教室 学生 ⑤約束
⑥決めて 予約 ⑦試験

チャプター13

問題Ⅰ
①いみ ②れんしゅう ③けっせき
④しゅっせき ⑤としょかん ⑥あじ
⑦ぶん ⑧もじ ⑨ちゅうい ⑩しらべる
⑪ならう ⑫おもう ⑬はじまる ⑭おわる
⑮つぎのひ ⑯ちず

問題Ⅱ
①つぎ、さんじゅっぷん、またなければ
②いもうと、ならって
③じ、じょうず
④かいしゃ、はじまって、おわります
⑤もじ、かんじ
⑥じゅうしょ、まって、しらべて
⑦けっせき、あした（あす）、しゅっせき
⑧あじ
⑨くるま、ちゅうい
⑩れんしゅう、やすまないで

問題Ⅲ
①意味 ②図書館 ③席
④練習 ⑤地図 ⑥文字
漢字

問題Ⅳ
①習 ②出席 欠席 ③終

チャプター14

問題Ⅰ
①ふゆ ②なつ ③あき ④はる
⑤なつやすみ ⑥あんない ⑦かない
⑧きみ ⑨たなかくん ⑩こんど
⑪しゅうまつ ⑫げつまつ ⑬ねんまつ
⑭あつい ⑮つめたい ⑯さむい ⑰いっかい
⑱にど ⑲さんこ

問題Ⅱ
①ふゆ、おわって、はる、きました
②しゅうまつ、かない
③きみ、なに／なん
④いちど
⑤いちにち、にかい、しょくじ、あさ、たべない
⑥ねつ、あたま、ひやして、ねて
⑦こんど、いもうと、あんない
⑧いっこ、ろっこ、やすい
⑨ねんまつ
⑩さむかったり、あつかったり、てんき

問題Ⅲ
①春 ②冷 ③家内

問題Ⅳ
①末
②a 春 b 夏 c 秋 d 冬
　x 暑 y 寒

チャプター15

問題Ⅰ
①はやい ②かるい ③わかい ④おもい
⑤はやい ⑥きたない ⑦へんな ⑧おぼえる
⑨およぐ ⑩きえる ⑪はらう ⑫よごれる
⑬わすれる ⑭おす ⑮かわる ⑯すう
⑰そくたつ ⑱かみ ⑲じんじゃ ⑳すいえい

問題Ⅱ
①てがみ、いそぎます、そくたつ、だします
②すいえい、はやく、およぐ
③おぼえても、わすれます
④おしました、うごきません
⑤じんじゃ、かみさま
⑥すう、わかい、おんなのひと、おおく
⑦かぜ、つよい、ひ、きえそう
⑧おもい、かるい
⑨きたない、て、ほん、よごれます
⑩あさ、はやく、おきられます

問題Ⅲ
①店 払 ②汚 ③自転車 速

問題Ⅳ
①重 軽 ②押 ③消 ④汚 ⑤覚

チャプター16

問題Ⅰ
①いぬ ②うし ③とり ④さかな ⑤にく
⑥え ⑦うた ⑧おちゃ ⑨えいが
⑩としょかん ⑪おきゃくさん ⑫かず
⑬おおい ⑭すくない ⑮にんずう ⑯かしゅ
⑰ぎゅうにく ⑱とりにく ⑲すうがく
⑳けいかく

問題Ⅱ
①にく、さかな
②としょかん、いぬ、しゃしん、ほん
③まち、えいがかん、おおい
④よる、きゃく、すくない
⑤うた、うたいましょう
⑥いもうと、かしゅ、おもって
⑦き、うえ、とり
⑧え、いろ
⑨ぎゅうにく、すこし、かいました
⑩かず、きゃく、にんずう、ごじゅうにん

問題Ⅲ
a 犬 b 鳥 c 牛 d 魚 e 歌手
f 絵 g 映画館 h 客
i 多 j 少

チャプター17

問題Ⅰ
①からだ ②かお ③みみ ④ゆび ⑤ちから
⑥こころ ⑦いしゃ ⑧ぐあい ⑨なおる
⑩なおす ⑪わるい ⑫ふく ⑬きる
⑭つく ⑮さけ ⑯にほんしゅ ⑰さかや
⑱あんしん ⑲しんぱい ⑳わかもの

問題Ⅱ
①ちょうし、わるい、なおる
②おきて、かお、ごはん

③みみ、ながい
④おさけ、なか、にほんしゅ
⑤あに、こころ、ちから、つよい
⑥あかい、ふく、きて、ひと
⑦ぐあい、なおりました
⑧びょういん、じかん、いしゃ、あんしん
⑨ひこうき、はちじにじゅっぷん／はちじにじっぷん、つきます

問題Ⅲ

①a 顔　b 服　c 着　d 飯　e 食　f 出
②a 耳　b 手　c 指輪　d 頭　e 目　f 足

チャプター18

問題Ⅰ
①ひがし　②にし　③みなみ　④きた
⑤とうよう　⑥せいよう　⑦とうざい
⑧なんぼく　⑨せかい　⑩とうきょうと
⑪きたく　⑫けん　⑬し　⑭しちょう　⑮せわ
⑯うみ　⑰くうこう　⑱でんち　⑲やさい
⑳かいがん　㉑くやくしょ　㉒しやくしょ
㉓つごう　㉔みなと

問題Ⅱ
①ひがし、うみ、たいへいよう、にし、にほんかい
②しちょう、あおい、ようふく、きて
③でんち、うごかない
④せかい、じんこう
⑤くうこう、いく、でんしゃ、ごばんせん
⑥かいがん、つぎのひ、うみ、およいだ
⑦とうきょうときたく、やまぐちけん、かわぐちし
⑧きのう、あね、せわ

問題Ⅲ
①a 北　b 西　c 南　d 東
②a 海　b 船　c 港　d 海岸　e 池　f 空港

チャプター19

問題Ⅰ
①けんきゅう　②れんらく　③じゅんび
④しゅくだい　⑤しつもん　⑥もんだい
⑦こたえ　⑧おなじ　⑨けいさん
⑩とけい　⑪けいかく　⑫しょうがつ
⑬せいほうけい　⑭しつがいい　⑮れんきゅう
⑯ただしい　⑰とい　⑱しょうご

問題Ⅱ
①にほんご、おしえかた、けんきゅうして
②じかん、かわりました、れんらくします
③しゅくだい、おわりました
④あした、じゅんび
⑤れんきゅう、けいかく
⑥けいさん、はやい
⑦おとうと、おなじ、とけい
⑧つぎ、もんだい、こたえ、いいなさい
⑨しつもん、ひと、て

問題Ⅲ
a 研究　b 正　c 答　d 同　e 時計　f 旅行　g 準備

問題IV

①a 映画 c 計算
　b 時計 d 計画

②a 夏休み
　b 連絡
　c 連休

チャプター20

問題I
①ざっし　②せつめい　③そうだん　④はこ
⑤べんり　⑥ふべん　⑦しずか　⑧りょうしん
⑨りょうほう　⑩てんいん　⑪かいしゃいん
⑫くだもの　⑬けっか　⑭ふくしゅう
⑮あいて　⑯しょうせつ　⑰ようい
⑱ようじ　⑲ふあん　⑳こどもよう

問題II
①まいにち、よしゅう、ふくしゅう
②えきいん、しんせつ、てんいん、ふしんせつ
③ちかく、みせ、べんり
④たべもの、くだもの
⑤りょうしん、そうだんして、へんじします
⑥せつめいします、しずかに
⑦ざっし、はこ、いれて
⑧とおい、ふべん
⑨しけん、けっか、おしらせします

問題III
①a 雑誌　b 静　c 部屋
　d 箱　e 果物

②復習　予習　③不便

問題IV　解答例
相談、説明、用意、会話、
便利、店員、安心、練習

チャプター21

問題I
①よぶ　②とる　③とまる　④すてる
⑤ひろう　⑥しぬ　⑦はたらく　⑧とぶ
⑨あそぶ　⑩ちる　⑪しる　⑫あつめる
⑬ちゅうい　⑭たすける　⑮うつ
⑯ゆうえんち

問題II
①やまだ、らいげつ、きこく、
　しりません
②さんぽして、おかね、ひろいました
③ふるい、ざっし、はこ、すてて
④ひこうき、いしゃ、のって、びょうき、
　たすけました
⑤ちいさい、たち、あつまって、げんき、
　あそんで
⑥くるま、とめる、きんし、ちゅうい

問題III
①電車、人、死
②妹、切手、集
③名前、呼
④忙、夜、遅、働
⑤料理、注文、難

問題Ⅳ（※順不同）
① 才、合、拾
② 矢、口、知
③ 氵、主、注

チャプター22
問題Ⅰ
①ばあい ②つたえる ③こまる ④のぼる
⑤よろこぶ ⑥わらう ⑦なく ⑧そだてる
⑨まにあう ⑩てつだう ⑪しゅじん
⑫おくさん ⑬そふ ⑭かれ ⑮かぞく
⑯きむらさま

問題Ⅱ
①しゅくだい、わすれて、こまりました
②ごしゅじん、おしごと、なん
③じかん、ばしょ、とうきょうえき、かれ、つたえて
④かのじょ、ないたり、わらったり
⑤そふ、そぼ、よろこんで
⑥あした、かぞく、のぼる、もちもの、じゅんび

問題Ⅲ
① 国、雨、多、育
② 家族、喜、顔
③ 彼、奥、彼女、主人、兄弟
④ 様、伝言
⑤ 泣

問題Ⅳ
①（笑う）
②（泣く）
③（喜ぶ）
④（困る）
⑤（登る）

チャプター23
問題Ⅰ
①ふくろ ②こおり ③いと ④いし
⑤かぜ ⑥ふく ⑦くも ⑧ゆき ⑨おく
⑩つむ ⑪ならべる ⑫たおれる ⑬やぶれる
⑭おちる ⑮われる

問題Ⅱ
①きのう、たいふう、き、たおれた
②ふくろ、やぶれて、くだもの、おとさない、き
③いし、とんで、まど、われた
④おきたら、ゆき、つもって
⑤へや、おきました
⑥ならべました
⑦かぜ、つよく、ふいて、くも、でて

問題Ⅲ
① 自動車、箱、積
② 小学生、並、待
③ 花、落、割
④ 氷、入
⑤ 袋、果物、出、置

問題Ⅳ

11

a 雲　b 氷　c 雪　d 風

チャプター24

問題Ⅰ
①おそい　②いたい　③いそがしい
④むずかしい　⑤よわい　⑥にがい　⑦あさい
⑧ふかい　⑨あたたかい　⑩あまい　⑪まるい
⑫うつくしい　⑬ふとい　⑭ほそい
⑮こまかい　⑯おくれる

問題Ⅱ
①あたたかい、のんで
②やまなか、あまいもの、たべる、ふとって
③まるい、くすり、にがい
④かれ、からだ、よわい、がっこう、いちど、やすんだ
⑤じこ、でんしゃ、おくれました
⑥うみ、あさい、うつくしい、さかな

問題Ⅲ
① 奥、美人
② 金、無、生活、苦
③ 遅、仕事、忙
④ 太、細、書
⑤ 深
⑥ 海、温度、高

問題Ⅳ
① 弱　② 深　③ 浅　④ 太　⑤ 細

チャプター25

問題Ⅰ
①きかい　②こうじ　③ほうほう　④はいたつ
⑤とどく　⑥とおる　⑦みち　⑧おくる
⑨えらぶ　⑩すすむ　⑪さがす
⑫しゅっぱつする　⑬たてる　⑭こうつう
⑮どうろ　⑯しんぱい　⑰たてもの
⑱きかい　⑲こうじょう　⑳こうぎょう

問題Ⅱ
①りょうしん、にもつ、とどいた
②みち、こうじ、とおれません、すんで
③ただしい、こたえ、えらんで、まる
④きかい、つかいかた、むずかしい
⑤まいにち、じてんしゃ、だいがく、かよって
⑥こうぎょう、じどうしゃ、こうじょう

問題Ⅲ
① 道、建物
② 落、探、親切、届
③ 次、社長、全員、選
④ 大学院、進学、思って
⑤ 出発、遅

問題Ⅳ
a 進む　b 選ぶ　c 配達する
d 通る　e 道

チャプター26

問題Ⅰ
①ひっこし　②るす　③しょうかい
④しょうたい　⑤とくべつ　⑥かいだん

⑦しょっき ⑧ゆうがた ⑨しなもの
⑩しょくりょうひん ⑪じびき ⑫せいひん
⑬たのむ ⑭わかれる ⑮ことわる
⑯まもる ⑰まねく ⑱こえる ⑲ひく
⑳るすばん

問題Ⅱ
①こうじょう、せいひん、つくられる
②でんしゃ、おりて、ともだち、わかれた
③にほんりょうり、つくりかた、むずかしい、とくに
④えいが、つごう、わるい、ことわった
⑤かならず、まもろう
⑥みせ、しょうひん、わり
⑦しょくりょうひん、うりば、ちかいっかい
⑧とくべつ、うって
⑨ひいて、あけます

問題Ⅲ
① 引 ② 食料品 ③ 越
④ 頼、断 ⑤ 紹介
⑥ 留守番電話 ⑦ 招待

チャプター27

問題Ⅰ
①むかし ②しぜん ③ほうこく ④にちべい
⑤しょくぶつ ⑥しょうてん ⑦せいさん
⑧ゆにゅう ⑨せいしつ ⑩こうつう
⑪みらい ⑫むぎ ⑬だんせい
⑭しょうり ⑮しょうぶ ⑯かつ ⑰まける
⑱てんきよほう ⑲こうこく ⑳せいべつ

問題Ⅱ
①まち、こめや、しょうばい
②ぶちょう、ほうこく
③べいこく、りゅうがくして、あに、きこく
④かいしゃ、じょせいしゃいん、だんせいしゃいん、おおい
⑤さんち
⑥そふ、はな、うえて、たのしんで
⑦むかし、うみ

問題Ⅲ
① 勝 ② 輸入 輸出 ③ 昔 未来

問題Ⅳ
① 交通 ② 生産 ③ 米 麦
④ a 自然 b 動物 c 植物

チャプター28

問題Ⅰ
①みぎがわ ②ゆうびんきょく ③ばんごう
④よこ ⑤わふく ⑥はし ⑦むかい
⑧じゅんばん ⑨へいわ ⑩さんかく
⑪わふう ⑫ごごうしゃ ⑬きいろい
⑭くろい ⑮おもてがわ ⑯しかく
⑰にゅうこくかんりきょく ⑱ひゃくてん
⑲こうさてん ⑳ひょうし ㉑わたる
㉒かど、まがる ㉓まんてん ㉔ほうこう

問題Ⅱ
①はし、わたって、みぎ、まがる、ひだりがわ、ゆうびんきょく
②あさごはん、ようしょく、わしょく、えらぶ

③しんかんせん、124ごう、13ばんせん
④6ごうしゃ、12ごうしゃ
⑤こうさてん、むこう、わふう、いえ（うち）
⑥しけん、まんてん、とれる
⑦わふく、きる、じかん
⑧じゅんばん、ならんで、おまち
⑨しかくい、かお、かたち

問題Ⅲ
① 三角 ② 橋、渡 ③ 角、曲
④ 6番 ⑤ 予定表 ⑥ 向、郵便局 ⑦ 和食

チャプター29
問題Ⅰ
①はんたい ②きけん ③さいしょ ④ひよう
⑤いじょう ⑥いか ⑦いがい ⑧いない
⑨しょくひ ⑩さいこう ⑪さいご ⑫へる
⑬ふえる ⑭かわる ⑮つかれる ⑯あぶない
⑰もっとも ⑱へやだい ⑲しっぱい
⑳げんいん

問題Ⅱ
①あぶない、きいろい、せん、うちがわ、さがって
②6さい、いか、むりょう
③へやだい、まいつき、おおやさん、はらう
④しごと、きけん、つかれる、おもって
⑤しょくりょうひん、たかい、しょくひ、ふえた
⑥じこ、げんいん
⑦さいしょ、もんだい、さいご、むずかしくて、しっぱいした

⑧こんど、りょこう、ひよう、かいしゃ、だして
⑨いけん、はんたい、かた
⑩ちゅうもん、いじょう

問題Ⅲ
① 反対 ② 疲 ③ 代 ④ 原因
⑤ 減 ⑥ 部屋代

問題Ⅳ
① 危険 ② 最高 最低
③ 最初 最後 ④ 以上 以下 ⑤ 増

チャプター30
問題Ⅰ
①おれい ②おたく ③ていきけん
④せんたく ⑤けっこんしき ⑥ひかり
⑦けしょう ⑧せいかつ ⑨ていしょく
⑩かがく ⑪へいせい ⑫くみ ⑬れいきん
⑭れんぞく ⑮ひつよう ⑯へいわ
⑰こうせん ⑱しんちょう ⑲たくはいびん
⑳けっか ㉑はんたい ㉒つづける
㉓むすぶ ㉔あらう ㉕かならず

問題Ⅱ
①もうします
②てん、むすぶ、せん
③しんちょう、たいじゅう、ふとりすぎ
④おれい、おたく
⑤ひる、ていしょく、やすくて

⑥へいせい
⑦にもつ、あした、かならず、つく、
　たくはいびん、おくりました
⑧がいこくじん、ふえた、ようしき、おおく
⑨こ、くみ、せいと
⑩てつづき、ひつよう

問題Ⅲ
①光　②化粧　③連続
④洗濯機、洗　⑤化学　⑥式